Barbara Kirchner

Dämmermännerung

Neuer Antifeminismus, alte Leier

Barbara Kirchner

Dämmermännerung

Neuer Antifeminismus,
alte Leier

konkret
Texte 61
KVV konkret, Hamburg 2014
Lektorat: Wolfgang Schneider
Gestaltung & Satz: Niki Bong
Titelfoto: dpa (USA, 1912)
Druck: Beltz Bad Langensalza
ISBN 978-3-930786-69-5

Inhalt

1
Falten als Kapitalschaden

Man kann Schlechtes verbessern, ohne das anzutasten, was am Schlechten schlecht ist. Es wird dann anders schlecht, nicht besser. So kriegt man, bei bestem Gewissen, viel Zeit rum.

Falls ich beispielsweise der Meinung sein sollte, daß es ab einem gewissen Lebensalter schlecht für mein berufliches Fortkommen, mein Liebesleben und überhaupt meinen sozialen Status ist, daß ich allmählich altern muß (und dabei oft so alt aussehe, wie ich tatsächlich bin), kann ich mir Dreck unter die Haut spritzen lassen, der aus meinem Gesicht eine genormte, alterslose Plastikfratze macht, oder jemanden dafür bezahlen, daß mit entsprechender Ergebnisvorgabe an mir herumgeschnitten wird.

Falls ich nicht nur das Altern und seine vielfältigen Erscheinungsweisen ablehne, sondern auch das Spritzen, Schneiden und Zupfen, darf ich mich statt dessen für einen der allerneuesten Tricks entscheiden, die ohne Spritzen und Schnippschnapp auskommen, vorausgesetzt, ich kann sie bezahlen. Diese neuen Tricks heißen »nichtinvasiv«. Damit ist meistens gemeint, was oben »das Schlechte verbessern, ohne das anzutasten, was am Schlechten schlecht ist« heißt. Im Bereich der physischen Altersleugnung beispielsweise wird nichtinvasiv keineswegs die Zellalterung aufgehoben – oder gar der Umstand, daß alle Menschen irgendwann sterben müssen.

Diese beiden Umstände sind ja das Schlechte am Schlechten der Vergänglichkeit des Fleisches, und das allerneueste nichtinvasive Verfahren kommt ihnen sowenig bei wie Beten oder Leugnen.

Dieses Verfahren heißt »Ultherapy«. Dabei werden die tieferen Schichten des Bindegewebes in zeitlich begrenzter Pulsanwendung von Ultraschall stark erwärmt. Das brennt Falten weg, zieht Konturen nach und regt das Wachstum kollagener und elastischer Füll- und Polsterfasern an.

Im September 2013 erfahre ich aus der Zeitschrift »Madame« alles, was potentielle Kundinnen daran interessieren kann. Die Ausgabe habe ich mir gekauft, weil ich das Model Agyness Deyn mag, das auf dem Titelbild abgebildet ist. Ich dachte, drinnen stünde vielleicht was darüber, wie Agyness Deyn zur Zeit lebt, mit wem sie schmust und dergleichen Herzerwärmendes. Es war dann aber gar nicht Agyness Deyn, sondern eine mir bis dahin unbekannte Agata Rudko. Die herbe Lektion, die ich mir davon erteilen lassen mußte, lautet: Selbst die Models, die man gerne sieht, weil sie nicht genormt aussehen, werden irgendwann, wenn sich nur genug Leute von ihnen angesprochen fühlen, zur Norm einer weiteren Subspezies Pfau. So geht es den meisten Stimmungen und Begierden, die irgendwie mit dem dumpfen Wunsch verbunden sind, bei fortbestehendem Kapitalismus bitte trotzdem nicht mehr behext, bequatscht, verarscht und ausgebeutet zu werden: Sie regen neue Ausbeutungstaktiken an. Wenn diese sich hartnäckig halten, werden aus den Taktiken sogar hin und wieder Strategien – in diesem Fall die der schon länger virulenten Aneignung nicht-heteronormativer, androgyner und verwandter Körper- und Gesichtsinszenierungen durch die allgegenwärtige Klamotten-, Haarzupfer-, Schmierzeug- und Duftwässerchenindustrie.

»Madame« mag die Ultherapy. Das Heft spricht von ihrer Effizienz und Unbedenklichkeit. Schwer beeindruckt meldet es, daß sogar die Food and Drug Administration (FDA) der Vereinigten Staaten von Amerika diese Ultherapy »als einziges nichtinvasives Liftingverfahren zugelassen« habe, und das, wo doch diese Behörde als »sehr kritisch« gelte. Gemeint ist mit diesem »Kritischen« etwas, das Leute selten wissen, die nicht zufällig (wie ich) mit Chemie und dergleichen zu tun haben – nämlich, daß besagte FDA als ziemlich effektives paternalistisches Instrument der Flurbereinigung auf Märkten im Dienste der Nahrungsmittel- und Gesundheitsriesenkonzerne, die in den USA ansässig sind, effektiver arbeitet als jeder vorstellbare altmodische Schutzzollprotektionismus oder etwa das lustige alte Außenhandelsmonopol der verstorbenen Staaten des Rates für gegenseitige Wirtschaftshilfe (»Ostblock«). Das, womit beispielsweise noch irgendein nostalgisch so genannter Mittelstand Geld verdienen will, wird, wenn es irgendwelchen Leuten im achtundzwanzigsten Stock nicht paßt, verboten oder nicht zugelassen, das heißt zunächst: vom gigantischen amerikanischen Markt gefegt. Da mopsen sich dann die Deutschen, wie bei der Abhörtechnik, weil sie noch nicht können, was die Amerikaner ihrer Meinung nach deshalb nicht dürfen. Soweit die außenpolitische Klassenanalyse, alles wie immer. Und die Geschlechterfrage?

Daß der Artikel, der da über den Nutzen der Ultherapy so mädchenhaft ins Schwärmen und über ihre FDA-geprüfte Unbedenklichkeit ins Staunen gerät, in einer Zeitschrift für Frauen statt in einer für Männer steht und daß er sich, wie überhaupt die ganze Zeitschrift, dabei außerdem primär an solche Frauen wendet, deren Pubertät schon eine Weile zurückliegt, hätte man vor dreißig Jahren mit den trockenen Worten kommentiert: typisch sexistischer Konsumterror.

Heute kriegt man, wenn man so etwas sagt, sofort zur Antwort, daß das mit dem Konsumterror humorlos und hysterisch sei, weil den ganzen Scheiß ja niemand kaufen oder mitmachen müsse, und daß das mit dem Sexismus nicht mehr wahr sei, weil es doch längst auch Zeitschriften für Männer gibt, die ihnen den Weg zum Waschbrettbauch weisen, das Ausrasieren der Nasenhaare erklären und das Mittagessen diktieren – gerade so lästig und hartnäckig, wie »Madame« mich und meinesgleichen unter die Ultraschallkanone locken will.

Dazu zwei Einwände, wie sie offensichtlicher gar nicht sein könnten.

Erstens: Sag' ich doch – man kann das Schlechte (etwa fleischmarktgängige Maßstäbe dafür, wie Leute aussehen sollen) verbessern, ohne dabei das anzutasten, was am Schlechten schlecht ist. Wer nämlich glaubt, die sozial induzierte weibliche Depression mit Vierzig, die der Blick in den Spiegel im Wechsel mit dem auf Gedrucktes, auf Bildschirme und Leinwände aufladen soll, werde zum wohligen Gefühl bei dem Gedanken, daß irgendwo ein Kerl mit Stirnglatze, der sein Nabelfäßchen betrachtet, dabei ebenfalls schweren Kummer empfindet, hat wohl auch auf die alte Menschheitsfrage von Arm und Reich die Antwort parat, man könne ja im Losverfahren alle paar Wochen einige Besserverdienende ermitteln, die dann im Fernsehen von arbeitslosen Jugendlichen zusammengeschlagen werden. Nein: Two wrongs don't make a right.

Zweitens: Die Denkgrenzen und emotionalen Wertungen, die uralte Fragen wie »Was ist ein schöner Mensch?« oder »Wie hängen Fortpflanzungserfolg und erfülltes Leben zusammen?« umgeben, werden nach wie vor entlang biologistischer Vorgaben gebastelt, bei denen der weibliche Körper eher als der männliche unter diejenigen Ressourcen gezählt wird, die man mittels verschiedener historisch gewachsener Aneignungsweisen in die gesellschaftliche Produktion und Reproduktion einspeist, vernutzt (und, wenn die Leute Pech haben, wieder ausscheidet). Man google einfach »Mädchenhandel« und suche danach mit derselben Maschine »Jungshandel«, »Bübchenhandel« oder »Knabenhandel«. Man führe eine Strichliste darüber, wie oft auf Klatschwebsites oder im GMX-Eingangsportal von Misswahlen die Rede ist, und dann eine zweite darüber, wieviele Misterwahlen da vorkommen. Man lese die nach Geschlechtern aufgeschlüsselten Statistiken über Eßstörungen (sicher, der Fortschritt ist nicht aufzuhalten: Jungs erwischt es jetzt immer öfter, siehe oben). Man studiere die Geschichte des

Albtraums der direkten und indirekten Heiratsbörsenkurse, von den verstümmelten Füßen altchinesischer Hofdamen bis zu den unmöglichen (aber tatsächlich ganz lustigen) Schuhen, die mir auf einer beliebigen Londoner Einkaufsmeile angeboten werden.

Beide Punkte – den ersten weniger gern, den zweiten mit Schulterzucken – räumen, redet man darüber, oft genug auch die flotten Aufgeklärten ein, die der Welt vom »Postfeminismus« erzählen. Der entpuppt sich dabei dann als ein Perspektivtrick aus der Schule der Kippfiguren – man kann alles immer so oder so sehen: »Sicher, die Körpernormierung gibt es, und aus geschichtlichen Gründen greift sie nach Mädchen und Frauen derzeit noch entschlossener als nach Jungen und Männern. Aber das ist auch ein Vorsprung – das Glas mag halb leer sein, aber es ist auch halb voll: Mädchen und Frauen können, wenn sie offensiv ›was aus sich machen‹, diesen Schmutz in einer Art besonders glatter Identitätspolitik als Lock-, Treib- und Werbemittel begreifen. Sogar als politische Waffe. Dein Gesicht, deine Figur, deine Klamotten sind Kapital, Schwester.«

Ach was.

Es gibt ein sagenhaft dummes Buch von einer Soziologin an der London School of Economics namens Catherine Hakim, das diese verheerende Quatschidee in großem Stil als Diskurswährung auf die Feuilleton- und Talkshowmärkte geschmissen hat. Es heißt *Erotisches Kapital. Das Geheimnis erfolgreicher Menschen*; die amerikanische und die britische Ausgabe (*Honey Money: The Power of Erotic Capital*) haben eine weibliche Hand mit knallrotem Nagellack auf dem Cover, die eine Visitenkarte hält, auf welcher Titel und Autorinnenname stehen; die deutsche Ausgabe, im angesehenen Campus Verlag erschienen, der die Uni und das sonstige Geschwätz ansonsten beispielsweise mit antikapitalistischen Hits von Negri und Hardt versorgt, wirbt mit einem ebenfalls unverkennbar weiblich gemeinten Kußmund.

Kapital also. Wie meint sie das, die Frau Professor? Am schlimmsten und finstersten wird es nun mal, wenn die allerpfiffigsten Akademiefiguren irgendwie kapitalismusanalytisch klingen wollen. Sie meinen, wenn sie Kapital sagen, grundsätzlich nicht, was Marx mit Kapital meint, nämlich eine Form von Geld- oder Sachvermögen, von *assets*, mit deren Hilfe ich mir die Arbeit anderer Leute aneignen kann. Sie meinen statt dessen entweder das, was die Theologie »Sünde« nennt (etwa: »Gier«), oder, noch blöder, das, was die Vulgärökonomie »Rohstoff« nennen würde, also schlicht Material zur Erleichterung der Kapitalverwertung und Profitbildung, kurz: etwas, das mich dazu qualifiziert, dem tatsächlichen Kapital einen Vertrag anzubieten, in dem überraschenderweise sehr häufig meine gute alte Arbeitskraft, meine Lebenszeit, das Altern nicht nur meines Gesichts, sondern meiner gesamten natürlichen (statt bloß juristischen) Person dem Geld anderer Leute auf die Sprünge hilft.

Das sogenannte Kapital der hübschen Larve ist eine Art Fähnchen, das dem Kapital signalisieren darf, es solle doch lieber mich ausbeuten als das mickrige Mauerblümchen da drüben.

2
Bedürfniskritik oder Wie genau ist das Private politisch?

Die Begriffsverwirrung ist selbstredend nicht analytisch gemeint, sondern appellativ. Was mir der Blödsinn sagen will, ist: Optimiere dich! Die sogenannte Studie der verblödeten Soziologin flankiert die Aufforderung der Hochglanzheftchen der Sorte »Madame«, gefälligst vorschriftsmäßig zu essen und im Notfall an mir schnippeln, mich mit Dreck vergiften oder mir von der Ultraschallpuste die Visage erhitzen zu lassen.

Warum aber sollte ich das wollen?

Ich bitte sehr ernstlich darum, diese zentrale Frage nicht als eine rhetorische mißzuverstehen. Ihre Beantwortung zu unterlassen, ist ein schwerer Fehler, wenn man derzeit emanzipatorische Bemühungen unternimmt. Daß »wir« das eh nicht wollen, uns in diesem Sinne optimieren, wird vorausgesetzt, aber das größte Problem der Befreiungsarbeit ist nun einmal die Loyalität der Unfreien gegenüber der Unfreiheit, und wer diese Unfreiheit nicht verstehen will, findet den Hebelpunkt nicht, an dem sich was tun läßt. Die Gegenseite ist da traditionell klüger, zäher, entschlossener.

Ich meine mit »Gegenseite« erstens alle, die – aus welchen Gründen und zu welchen Zwecken auch immer – bereits erreichte Emanzipationsschritte rückgängig machen wollen, zweitens alle, die den schlechten Status quo (siehe oben) verteidigen, und schließlich drittens alle, die diesen Status quo sogar verschlimmern möchten. Diese Menschen, deren ganzes Tun und Trachten darauf gerichtet scheint, anderen ihr Leben zu verekeln, verwenden sehr viel Zeit, Energie und manchmal gar beträchtliches Geschick darauf, die Frage »Warum sollte man sich im Sinne des Bestehenden optimieren wollen?« zu beantworten (oder analoge Fragen von gekaufter Expertise auf eine für ihr finsteres Treiben günstige Weise beantworten zu lassen).

Wenn das Schlechte sich im Alltag als ein Bedürfnis derjenigen zeigt, deren Leben es häßlich macht, kommt man an Bedürfniskritik nicht vorbei (falls man das Schlechte denn loswerden will). In einer Art instinktgesteuertem Erstschlagseifer jedoch lassen sich die Feinde von Freiheit und Chancengleichheit keine Gelegenheit entgehen, gerade die elendesten, korruptesten und andressiertesten Bedürfnisse umgekehrt als essentielle Bestandteile des Menschseins auszuschreien.

Der ideologische Zentralkampfschauplatz dieser Sorte Auseinandersetzung war im Geschlechterunwesen bekanntlich lange Zeit der Streit um *nature or nurture*. Diese Spitzmarke bezeichnete die Frage, ob die im Sozialen beobachtbaren Geschlechtsunterschiede angeboren, anerzogen, sozial überformt, sozial generiert, sozial induziert oder auf noch unbegriffene Weise gänzlich protosozial sind. Die meisten leidlich gebildeten Menschen, denen man heute begegnet, haben sich, was diese Sache angeht, in einer Art Flugverbotszone eingerichtet – in einem Pufferbereich zwischen Extremwerten möglicher

Antworten auf jene Frage. Der veröffentlichte und auch in privaten Gesprächen einigermaßen stabile Konsens lautete etwa: Die sozialen Geschlechtsunterschiede sind weder bis ins Kleinste unhintergehbar genetisch determiniert noch komplette diskursive Fabrikate irgendwelcher patriarchalischen Drahtzieher, sondern auf mehr oder weniger stabiler Biobasis errichtete Zweckbauten, die man vielleicht mal mit ein paar Fenstern oder Erkerchen mehr oder weniger umrüsten, aber wohl nicht ohne Preisgabe diverser humanitärer Standards abschaffen kann, auf die man nicht gut verzichten kann, wenn die Menschen nicht allesamt komplett desexualisierte blaue Mao-Ameisen werden sollen. Je nach Debattenlage saugt diese pragmatisch gemeinte Sicht der Dinge dann selbst aus den Extremlagern punktuell Positionen und Personen an. So kann man etwa die in den Neunzigern des letzten Jahrhunderts weltweit ziemlich lautstark aus der universitären Marginalität in die Politik und die Verwaltung drängende Sprachregelung, jene Geschlechtsunterschiede seien »sozial konstruiert«, sowohl radikal lesen – dann bedeutet sie: Wir haben das gelernt, wir könnten auch umlernen – wie gemäßigt, dann bedeutet sie: Ja, die Gesellschaft hat das Zeug gebaut, aber bauen kann man nun mal nicht mit nichts, und die Baustoffe waren in diesem Fall eben doch die altbekannten Natursubstrate.

Einen Meinungsabend kriegt man mit derlei immer voll. Die zivilen Umgangsformen der Diskutierenden aber leiden schnell, wenn es nicht mehr darum geht, wie man die Dinge sieht – die kann man, wie gezeigt, selbst mit denselben Begriffen »so oder so sehen« – sondern darum, was man damit machen kann: politische Korrektheit im Symbolischen und Linguistischen, *gender mainstreaming*, *identity politics* sind umkämpfter, als die diese Praxisfelder nährenden Anschauungen über *nature* und *nurture* jemals sein könnten. Weshalb?

Weil diese Bereiche nicht nur Probierfelder für mehr oder weniger empirisch gesicherte und logisch verknüpfte Ansichten sind, sondern vor allem historische Erben der weit vor aller Marxismus-Wiederentdeckung oder antiimperialistischen Agitation explosivsten Idee der Protestbewegungen der sechziger Jahre des letzten Jahrhunderts in den entwickelten Industriestaaten: der Überzeugung, (auch und gerade) das Private sei politisch.

Der aufgeklärte und aufklärende, sozusagen brechtianische Sinn dieser Parole (sie kann auch noch manch anderen haben, darunter einige ziemlich düstere, dazu gleich) liegt für alle, die mit der linken Tradition seit der Französischen Revolution und innerhalb dieser Tradition mit Autorinnen und Autoren wie Olympe de Gouges, Thomas Paine oder Mary Wollstonecraft vertraut sind, auf der Hand: Die Ausrede, irgendein sozial erzeugtes, stabilisiertes oder toleriertes Unrecht sei eigentlich individuelles Schicksal (»Pech gehabt, falsches Chromosom«), sollte den Nutznießern, Förderern und Rechtfertigern solchen Unrechts genommen werden.

Wenn das Private politisch ist, kann man das Politische doch auch mit privat erworbenen Aussageformen, Wertungen, Affekten und ähnlichem in den Griff kriegen: Dieser fatale Umkehrschluß hat das, was sich aus der Parole an emanzipativem Gewinn schlagen läßt, oft genug arg belastet, mitunter ganz versaut. Denn um den Umkehrschluß wuchern sofort Unsitten wie die, daß, was im Persönlichen und Intimen als bedeutungsvoll, beim Interessenabgleich sogar als Argument gelten darf – zum Beispiel, daß jemand gekränkt ist, sich freut oder vor etwas Angst hat –, auch im Politischen Argumentrang beanspruchen darf, etwa als (schon der deutschen Semantik des Wortes nach reichlich zweideutige) »Betroffenheit«.

Ich als Frau, als Freiburgerin, als Rechtshänderin: Hier beginnt der äußere Höllenkreis des Reiches der ebenso unwiderleglichen wie unüberprüfbaren anekdotischen Beweise, friß oder stirb. Man begibt sich, wo man keine andere Munition mitbringt als diese, in einen Bezirk, in dem sich jedes doch eigentlich gesellschaftliche Problem durch eine einfache Rolle rückwärts sofort wieder depolitisieren läßt, weil in einer auf Privateigentum gegründeten Gesellschaft der Hinweis, etwas ginge irgend jemanden etwas an, immer auch heißt, daß es andere nur dann angeht, wenn sie das wollen und es sich leisten können. »Also, bei meinen Kindern ist das ganz anders, die würden in der Gesamtschule nicht ermutigt, sondern verblödet«: Wer will so was überprüfen? Bei diesen Redefiguren kommt immer nur das raus, was die Rednerin oder der Redner vorher reingesteckt hat, das Runtererzählen von irgendwas, das irgendwer irgendwo irgendwann mal erlebt zu haben behauptet, eignet sich leider bestens dazu, abstraktere, keineswegs aus der Erfahrung stammende Vorannahmen zu verstecken, die man der Überprüfung entziehen will.

Ich könnte also entsagungsvoll auf eine so heikle argumentative Waffe verzichten und das Private lieber gar nicht herbeibemühen, um nicht zu riskieren, daß das mit ihm identifizierte Politische durch Kontamination mit unwiderleglichen Bauchgefühlen zur Stimmungsangelegenheit verkommt, wo Ressentiments gekocht werden und die Leute am Ende, nach Walter Benjamins berühmtem Wort, »zu ihrem Ausdruck, aber nicht zu ihrem Recht« kommen (er meinte die politische Stimmungsveranstaltung schlechthin, den Faschismus).

Lieber gar nicht von zu Hause reden, bevor die ganze weite politische Welt vom Muff des Daheimgebliebenen verstunken wird – einverstanden, wäre da nicht der Umstand, daß diese Sache eben keine Einbahnstraße ist und sich die Anekdotenerzählerei eben nicht nur eignet, das Politische in vage empfundene Gemeinplätze zu tunken und damit zu neutralisieren, sondern umgekehrt auch dazu, einen besonders weiten, besonders gemeinplatzartigen abstrakten Rauchvorhang aus bescheuerten Sonntagsreden zu zerreißen.

Wo ein Instrument des Denkens und Verhandelns so deutlich zwei Schneiden hat, hilft nur die Offenlegung von Nutzungs- und Handhabungsregeln, auf die man sich verpflichtet. Ich habe mir in langen Jahren häufigen Gebrauchs der Klinge »Das Private ist politisch« angewöhnt, Anekdoten niemals als Beweise für irgendwelche Statements übers Große Ganze aufzufahren, sie aber umgekehrt sehr gerne zugelassen, wenn sich damit solche Statements kaputtmachen oder wenigstens relativieren ließen – ein einziges plausibles Gegenbeispiel wirkt Wunder, wenn jemand sagt, irgend etwas sei eben so und so, was aber gar nicht gemeint ist, weil es in Wahrheit gar nicht darum geht, ob etwas so und so ist, sondern um die Suggestion, irgend etwas sei deshalb so, wie es ist, weil es so sein müsse – eine als Beschreibung verkleidete Rechtfertigung des Beschriebenen also.

Finde ich ein Kind, das schneller lernt und besser zuhört, wenn man es ordentlich anbrüllt, darf ich daraus nicht ableiten, daß Kinder angebrüllt gehören, sehr wohl aber, daß die Überzeugung, gelernt würde nur, wo Belohnungen winken, offenkundig irrig ist (wer die glaubt, so menschenfreundlich sie klingt, wird nie erklären und begreifen können, warum so unglaublich viele Leute so unglaublich falschen, für sie selbst massiv schädlichen Mist im Kopf spazierentragen, von dem sie noch nicht mal irgendwas haben: Es geht eben leider auch mit Angst, nicht nur mit Bonbons).

Exemplarisch verdeutlichen läßt sich die Verfahrensregel, sogenannte »Geschichten aus dem wirklichen Leben« als Merkzeichen für Zweifel an generalisierenden Behauptungen, nicht jedoch als Stützen für positive Gesetzesbehauptungen zu verwenden, vielleicht an einer Begebenheit aus den neunziger Jahren und ihrer Kenntnisnahme durch eine in mehrerlei Hinsicht berufene Beobachterin. Seinerzeit standen diverse konstruktivistische und dekonstruktivistische Moden in der akademischen und akademienahen Linken Nordamerikas in schönster Blüte. Judith Kegan Gardiner, eine verdiente Erforscherin der Bedeutung von Psychopharmaka in den USA, fiel damals beim Besuch eines interdisziplinären feministischen Kongresses etwas Interessantes auf: »Konstruiert« war im Jive der Anwesenden so ziemlich alles, wovon man überhaupt sprechen kann, wirklich Gott und die Welt, und alle Arbeiten oder auch nur Äußerungen, die man »essentialistisch« nannte, weil sie etwa von einem biologischen Substrat für dieses oder jenes Verhalten ausgingen, mußten draußen bleiben – beim Essen aber, in den Pausen, im informellen Plausch am Rande der verschiedenen das Tagungsgeschehen konstituierenden Veranstaltungen stellte sich heraus, daß eine beachtliche Anzahl der Konferenzteilnehmerinnen Prozac und ähnliche Stimmungsaufheller konsumierte, auch den eigenen Kindern Medikamente zur Behandlung echter oder vermeintlicher Verhaltens- und Gemütsstörungen verabreichte – eine nicht nur in Nordamerika inzwischen weitverbreitete Praxis, die Kritikerinnen und Kritiker chemische Kindesmißhandlung nennen.

Man unterhielt sich über Indikationen, Dosierungen, Nebenwirkungen, und ausgespart blieb die Überlegung, daß das alles nur diskutieren kann, wer Verhaltens- und Persönlichkeitsdispositionen für etwas hält, das chemisch grundiert ist und sich chemisch beeinflussen läßt – eine These, die man nicht offen aussprechen konnte, ohne den intellektuellen Zentralkonsens der ganzen Tagung aufzukündigen.[1]

---

1 Nach Stacy Alaimo und Susan Hekman (Hg.): *Material Feminisms*. Bloomington & Indianapolis: Indiana University Press 2008, S. 373.

Meine oben aufgestellte Regel verbietet mir nun zum Glück, etwas so Dummes zu sagen wie: Ätsch, siehste, Biochemie ist Schicksal, auch Konstruktivistinnen müssen zugeben, daß der Hirnstoffwechsel ihr Verhalten regiert. Denn diese Geschichte beweist eben nicht, daß der im Moment ziemlich beliebte reduktionistische Neurokult das korrekte Menschenbild gefunden hat, und zwar geradesowenig, wie die Tatsache, daß Leute sich irgendwo auf der Welt am 24. Dezember gegenseitig Geschenke machen, geeignet ist, die Existenz des Weihnachtsmanns zu beweisen.

Was die Geschichte aber erfolgreich zerstört, ist der von Radikalen wie Gemäßigten im *nature-vs.-nurture*-Konflikt aus den verschiedensten Gründen vertretene Aberglaube, es gäbe in jenem Konflikt klare Fronten und zwischen denen irgendwo eine kommode Mitte: Die hochpolitische Beschaffenheit der Kämpfe, für die diese Debatte steht und denen sie als wissenschaftsaffines Stellvertreterschlachtfeld dient, die Tatsache, daß reale gesellschaftliche Auseinandersetzungen hinter diesen scheinbar tiefenanthropologischen Grübelzwisten stecken, die nicht entschieden sind, bildet sich eben auch in dem Umstand ab, daß auch radikale Konstruktivistinnen sich in der betreffenden, von jenen Auseinandersetzungen nach wie vor, allem Gerede über Postfeminismus zum Trotz, entzweiten Gesellschaft sofort in performative Widersprüche verstricken. Es gibt kein emanzipiertes Denken im Unfreien, nur ein emanzipatorisches, eins, das die Widersprüche politisch denken und traktieren will, statt sie in der

Wissenschaftshistorie abzustellen, wo die Sachen lagern, die kein Mensch mehr glaubt, weil niemand mehr einen Nutzen davon hat, sie zu glauben und zu verbreiten.

Wer Widersprüche wie den von Kegan entdeckten reduktionistisch und im Denken statt im Politischen erledigen will, sitzt bekanntlich schnell einem von zwei gleichermaßen bescheuerten, weil praktisch-politisch ziemlich unproduktiven Glaubenssätzen auf: 1. Was Ihr das Gesellschaftliche nennt, gibt es als etwas Eigengesetzliches und isoliert Beobachtbares nicht, es ist eine optische Täuschung und »in Wirklichkeit« ein Epiphänomen von Genen, Metabolismus, Hirnverdrahtung. 2. Was Ihr Gene, Metabolismus, Hirnverdrahtung nennt, gibt es als etwas Eigengesetzliches und isoliert Beobachtbares nicht, es ist eine optische Täuschung und »in Wirklichkeit« ein Effekt sozialer Arbeitsteilung im Zeichen von Macht und diskursiver Wahrheitenproduktion.

Metaphysische Aussagen darüber, was es nicht gibt, obwohl man dafür Wörter hat und viele Leute meinen, die davon bezeichneten Sachen erlebt zu haben, sind im Politischen Platzhalter reiner Programmatik – das berühmteste Beispiel ist Margaret Thatchers genialer Satz »There is no such thing as society«. Der hatte überhaupt keine andere Bedeutung als »Tod den Errungenschaften der Arbeiterbewegung, vom Tarifrecht bis zum solidarversicherungspflichtigerweise bezahlbaren Zahnersatz!«

Es empfiehlt sich, die von mir hiermit gegebene politische Formbestimmung von Nichtexistenzaussagen dahingehend anzuwenden, daß man sich solche Aussagen am besten schlicht schenkt, wenn die betreffende Programmatik besser explizit angesprochen wird, weil man ihren Sollzielen so eventuell schneller nahekommt: Solange die Leute Tabletten fressen, um ihr Verhalten zu regulieren, und man mit ihnen darüber zu reden hätte, was das eigentlich für Verhaltensmaßstäbe sind, denen sie da genügen wollen, und was das eigentlich für ein Gesundheitssystem ist, das ihnen jene Tabletten verkauft, aber anderen lebenserhaltende Notwendigkeiten vorenthält, weil die sie sich nicht leisten können, sollte man mit ihnen nicht lange darüber streiten, ob es einen Hirnstoffwechsel gibt.

3
Erziehung ist nicht gleich Erziehung

Weil gerade der *nature-vs.-nurture*-Streit von Vergehen gegen diese einfache Faustregel übersät ist wie ein modernes Schlachtfeld von Geschoßkratern, hat sich in ihm und analogen Diskussionen auch ein weiterer fataler Kategorienfehler etabliert, der emanzipatorischen Bemühungen leicht zum schwersten Schaden ausschlägt: die Verwechslung, Verwischung oder Nichtachtung des Unterschieds zwischen der zutreffenden Diagnose der Ursachen eines Übels einerseits und der logischen Berechtigung eines Programms zu dessen Abschaffung andererseits.

Daß sich schon kleine Mädchen »hübsch machen« liegt an den Genen, an der Ermutigung durch Erwachsene, an der »Bravo«? Und das diktiert dann, ob man dagegen sein darf? Weil man im Fall der Schuld der Eltern und der »Bravo« den Eltern ins Gewissen reden und die »Bravo« anders redigieren kann, im Fall der Gene aber nichts machen kann, weil wir als Linke ja gegen Eingriffe ins Genom sind?

Knoten im Kopf.

Die Annahme, daß angeborene Kurzsichtigkeit sich nur per Abtreibung von mittels PID identifizierten, davon betroffenen Föten oder per Modifikation des betreffenden Genoms bekämpfen ließe, übersieht Brillen und Kontaktlinsen.

Das Argument, man müsse *nature-vs.-nurture* klären, bevor man gegen irgendwas, etwa soziale

Geschlechtsunterschiede, etwas haben und wichtiger: etwas unternehmen dürfe, ist nur wahr, wenn das Argument, Naturwüchsiges sei an sich unantastbar, wahr ist. Beides sollte man der äußersten Rechten, also religiösen Spinnern sowie der Blut-und-Boden-Ecke überlassen. Da stinkt es gut.

Schlimmer noch: Die logische (und aber weder empirische noch historische!) Unabhängigkeit der Programmatik von der Diagnostik gilt immer für beide Werte einer zweiseitigen Relation zwischen verschiedenen Diagnosen, was bedeutet, daß nicht nur die Naturbestimmung eines Problems seine soziale Lösung nie vorentscheiden kann, sondern daß auch die Sozialbestimmung desselben Problems das nicht pauschal und abstrakt vermag – oder platt: Was Erziehung als solche (als umfassende kategoriale Bestimmung einer Verhaltensabrichtung) anrichtet, kann deshalb noch lange nicht von Erziehung als solcher (siehe letzte Klammer) korrigiert oder präventiv ausgeschlossen werden. Der Satz »Was erziehungsbedingt ist, läßt sich aberziehen oder erzieherisch verhüten« gehört zu den Formeln, deren Versenkbarkeit durch »Geschichten aus dem wirklichen Leben« ich oben behauptet habe. Ich habe auch gleich eine dabei, die er nicht mögen kann.

Meine dreizehn Jahre Schulzeit fielen in die späten siebziger bis späten achtziger Jahre. Ein damals neues, bald aber schon weitverbreitetes Phänomen waren die Mitschülerinnen und Mitschüler aus alternativen Elternhäusern. Alternativ waren die, weil sie sich nicht zu den Sozialliberalen, Christdemokraten, Christliberalen, Christsozialen oder unpolitischen Briefmarkensammlereltern sortieren ließen. Einige der Alternativen waren in Wahrheit K-Gruppen-Krümel, andere schrullige Anthroposophen oder schwer getaufte Friedensengel, auch ein paar ganz frühe Regenbogenfamilien mit zwei Müttern oder zwei Vätern waren dabei.

Die Kinder dieser mal ziemlich sympathischen, mal leicht unheimlichen und mal manifest verrückten Leute hatten es nicht leicht mit allerlei Statuszeichen und sonstigen Tickets des Gegebenen, deren Erwerb und Zurschaustellung ihnen die Eltern untersagten, erschwerten oder wenigstens übelnahmen: Fernsehen, Kriegsspielzeug, Zauberwürfel, Monchichis, Boss- und Lacoste-Klamotten, BMX-Fahrräder, Video, früher Personalcomputer und entsprechende Spiele. Mit der DDR sympathisierte nur ein verschwindend kleiner Prozentsatz jener Eltern, eine kleine liebe Mauer hätten viele von ihnen aber doch gern um ihre Kinder gebaut. In Zeitlupe ließ sich beobachten, wie diese Kinder entweder zu geübten Heuchlerinnen und Tricksern wurden oder neurotisch, wie sie in Sekten landeten, auf Drogen oder (der persönlich erfreulichste, ich möchte sagen: bewundernswerteste Fall) als Brandstifterin und später Künstlerin.

Der Anteil unter ihnen, der in irgendeiner Weise mit den Erwartungen entweder der Eltern oder denen der Umgebung, in den meisten Fällen sogar beiden, über Kreuz geriet, war wesentlich höher als bei den Nichtalternativen, dafür konnte man die gewöhnlichen Produkte des geraden Weges aus den nichtalternativen Wiegen spätestens ab 25 aber auch alle komplett vergessen.

Der Verdruß der alternativen Kinder und der Ärger ihrer Eltern ist mir in den letzten Jahren nun zunehmend häufiger wiederbegegnet, an unerwartetem Ort, unter ganz anderen Voraussetzungen: bei USA-Aufenthalten, in der Gesellschaft von Familien, die von Leuten in naturwissenschaftlichen oder technischen Berufen gegründet worden waren, deren weltanschaulicher Typus noch zu Zeiten der Präsidentschaft Ronald Reagans wohl der im veröffentlichten Mainstream-Selbstbild des Landes hegemoniale gewesen sein dürfte – meistens weiß-angelsächsisch-protestantisch, dem technischen Fortschritt (von SDI bis Fracking) gegenüber aufgeschlossen und in moralischen Dingen konservativ (also nicht: neokonservativ). Wenn diese Leute Eltern werden, erleben sie die Probleme, die meine alternativen Mitschülerinnen- und Mitschülereltern mit Dallas, Flashdance oder der »Bravo« hatten, in verschärfter Form mit Chatrooms, Youporn und Sexting.

Der kauzige Brüllaffe Bill O'Reilly, Sittlichkeitswächter Nummer Eins beim stockreaktionären Fernsehsender Fox News, hat 2013 gerade wieder ein paar Erziehungshinweise für diese Klientel auf den Markt geschmissen; der rührendste unter ihnen: Lassen Sie Ihre Kinder das Internet nur im Wohnzimmer oder an anderen, von erziehungsberechtigter Wachsamkeit kontrollierbaren Orten nutzen.

Viel Glück, sensitive mom and dad.

Warum ist derlei so lächerlich? Warum kann das, was da gewollt wird, gar nicht klappen?

Weil Kinder nicht nur von privaten Autoritäten, sondern auch von öffentlichen *peers* sozialisiert werden. Stimmt schon, weder die Lust auf Lacoste-Hemden noch die auf Vergewaltigungsfilmchen im Internet sind angeboren. Aber der soziale Druck der Familie ist nicht nur schwächer als der des Gesamtgemeinwesens, er ist vor allem auch von ihm abgezweigt, beglaubigt, geliehen, und wenn Eltern das nicht glauben wollen, geht es ihnen wie den Sektenfuzzis von den »Zwölf Stämmen«, deren Kinder 2013 unter großem Lärmen aus der vereinseigenen Klosterschule befreit wurden – vom Staat und von der »Bildzeitung«.

Eltern, die im Wohnzimmer das Internet regieren wollen, sind wie Mensa-Köche, die eine Sezession von der Universität wünschen. In Küchen wie denen, die sich in diesem Bild kaum selbständig werden machen können, sind aber die meisten Verbesserungen der sozialen Mobilität für Frauen gekocht und serviert worden, die jeder feministischen Forderung heute als »längst erreicht« vorgerechnet werden, um sie grundsätzlich, strategisch oder taktisch zu delegitimieren, meist mit dem Unterton, was immer noch fordernde Feministinnen eigentlich wollten, sei eine Erziehungsdiktatur – Ostblock, das weiß man eh.

»Erziehung«, soll meine strukturvergleichende Erzählung gegen allerlei abstrakte Sätze darüber, was Erziehung kann oder nicht kann, deutlich sagen, ist eine jener leeren Kategorien, die es ernsthafter Analyse gerade nicht ersparen, genauer hinzuschauen, was sie jeweils für einen konkreten sozialen Inhalt haben.

4
Alles eine Frage der Einstellung (und Entlassung)

Wo Kapitalismus herrscht, soll ich als Monade dauernd dafür bezahlen, daß man mir eine private Abhilfe für eine öffentliche Scheiße anbietet – Castingshows statt Lehrstellen: Wenn du singen oder tanzen kannst, kommst du aus den Wohnburgen der Vorstadt raus, und die müssen dann auch nicht abgerissen werden, von der Idee ganz zu schweigen, daß die dort Eingemauerten menschenwürdig untergebracht werden könnten.

Angeboten werden Waren und Dienstleistungen, die als Pflaster auf sozial beigebrachten Wunden gelten können, weil sie erstens Geld machen und zweitens für diejenigen, die sich fremde Arbeit aneignen können, billiger sind als die Polizeimaßnahmen, die nötig werden, etwa Vorstadtjugendliche daran zu hindern, aus ihren Trostlosigkeiten in die Innenstadt zu ziehen und dort die Läden abzufackeln und Autos zu Klump zu hauen (na gut, nicht in Deutschland, da überfallen sie statt dessen das Flüchtlingsheim – sagen wir also: in Paris oder Detroit und den vielen anderen Städten, die sich derzeit oder demnächst in Zuständen zwischen denen dieser beiden einrichten müssen).

Weil die Wege vom Sozialen und Politischen in den Waren- und Serviceumschlag durch derlei gebahnt sind, mußte auch ein Großteil der Erfolge der berühmten »Neuen Sozialen Bewegungen«, die auf die Versuche der 68er folgten, den Marxismus aus der Zeit vor dem Zweiten Weltkrieg im Seminar, auf dem Campus und auf der Straße zu rekonstruieren, auf solchen Wegen erzielt werden – sie tragen heute noch daran; man hat ihre Kämpfe per Marketing kolonisiert, man hat neuen Ramsch und neue Dienste für sie erfunden – und sehr selten nur gab es aus dem Innern der Bewegungen daran die Sorte Kritik, als die vielerorts der Feminismus der siebziger Jahre anfing, der die Abschaffung der Prüderie der Adenauer-De-Gaulle-Zeit nicht der Lifestyle- und Sexindustrie überlassen wollte, sondern der die Auseinandersetzung mit der sexuellen Kaputtheit von Repressionsopfern beiderlei Geschlechts lediglich als erste Stufe umfassenderer Sexualrollenbekämpfung sehen wollte.

»Ökologischer Sozialismus« ist ein *rallying cry* – Solarzellen auf dem Architekteneigenheimdach, Windradparks und grüne Kleinbürgerei sind private und privateigentümliche Echos dazu.

Was beim *rallying cry* »Frauen müssen ökonomisch unerpreßbare erotische und soziale Subjekte sein« rausgekommen ist, erzählt mir und allen, die es sich sonst bieten lassen, im Jahr 2013 Sheryl Sandberg, von Beruf Chief Operating Officer bei Facebook, in ihrem internationalen Schundseller *Lean In: Women, Work and the Will to Lead*: eine Mischung aus Rosie the Riveter, Nietzsche und Werbetussi mit Stabreimfimmel (auf deutsch, wenigstens ohne den Stabreim, aber mit einem Spritzer Nietzsche und obligatorischem Jingle-Anglizismus: *Lean In: Frauen und der Wille zum Erfolg*).

Die Botschaft, die Sandberg verhökern will, dreht den oben dargestellten Betrug »Das Problem mag allgemein sein, die Lösung ist individuell« noch einen Zahn weiter: Das Problem war mal allgemein, darüber sind wir raus, was vom Problem noch übrig ist, hängt am Subjektiven und muß da behoben werden – an der »Einstellung«: Mädels, kommt nicht mehr bei Männern um Quoten und Chancen ein, ändert das eigene Verhalten, werdet eure Hemmungen (»Inhibitions«) los, gebt die Bescheidenheit auf (sicher, die ist anerzogen, aber eben deshalb auch eine Privatangelegenheit), streift die Angst ab (sicher, die ist »verinnerlicht«, kommt also offenbar irgendwie von außen, aber aufräumen muß man innen, da stecken nämlich offenbar Kraftquellen von messianischer Wucht, auf deren Wirkung jene Außenwelt mitsamt ihren längst sturmreifen Machtverhältnissen nur gewartet hat): »Und ich hoffe, daß Sie – ja, Sie – den Ehrgeiz haben, sich in ihrem Job reinzuhängen und die Welt zu erobern. Die Welt muß von Ihnen verändert werden. Frauen auf der ganzen Welt zählen auf Sie. Und deswegen bitte ich Sie, sich zu fragen: Was würde ich tun, wenn ich keine Angst hätte? Und dann gehen Sie los, und tun Sie genau das.«[2]

Und falls sich dann für Sie herausstellt, daß die Angst leider doch nicht irrational war, sondern eine realistische Einschätzung der erwartbaren Zumutungen, Demütigungen, Anzüglichkeiten, Seilschaften, Verspottungen und anderer Bestandteile der

---

2 Sheryl Sandberg: *Lean In. Frauen und der Wille zum Erfolg.* Berlin: Econ 2013, S. 19 f.

Wirklichkeit, falls es dann also auf die Fresse gibt: Sorry, Schwester.

Interessant an solchem Schrott ist, daß seine bloße Existenz und das Gratislob, das man ihm gerade auch von seiten rezensierender Kavaliere spendiert, die bestrittene Fortdauer eines Geschlechterungleichgewichts in der Berufswelt belegt: »Mit Fleiß und Selbstdisziplin vom Tellerwäscher zum Millionär« gilt als albernes Klischee, »Mit dem richtigen Augenaufschlag, melodiöser Stimme und der Fähigkeit, sich zu verkaufen, von der Praktikantin zur Google-Größe« dagegen soll man ernstnehmen.

Diese schmierige Rhetorik der Selbstoptimierung mit feministischem Nagellack sickert jetzt überall in die Arbeitswelt, also genau in den Bezirk, in den sich Frauen vor vierzig Jahren durchbeißen wollten, um dem Koketterie- und Eigenwerbungszwang auf Heiratsmärkten und ähnlichen Auktionen zu entkommen. Nicht einmal in meinem eigenen Umfeld, der natur- oder gesellschaftswissenschaftlichen wie auch der technischen Forschung und Lehre, gibt der Sound Ruhe – daß das Verhältnis von männlichen zu weiblichen Personen auf Lehrstühlen in dieser Gegend in manchen Sektoren immer noch die atemberaubende Ungleichheit 4:1 ausstellt, wird in den fächerinternen Debatten daher immer häufiger damit erklärt (also auch oft genug: gerechtfertigt), daß die Frauen sich eben nicht beherzt genug nach vorne spielen, nicht »pushy« und »plucky« genug sind.

Der »Economist« vom 31. August 2013 referiert die Studie einer Barbara Walter von der University of California in San Diego, die sich 2012 die Zitatindizes in wissenschaftlichen Veröffentlichungen im Dutzend der wichtigsten Journals und Reviews auf einem spezifischen Feld (den ohnehin als häßlicher Kampfplatz und seilschaftenverseuchtes Gebirge bekannten Politikwissenschaften nämlich) zwischen 1980 und 2006 angesehen hat – unterm Aspekt der nach Geschlechtern aufgeschlüsselten Autorschaft bei Einzel- und Gruppenurheberei: »rein männliche Paper«, »rein weibliche Paper«, »gemischte Paper«. Ergebnis: Jede Publikation wurde im Durchschnitt 25 mal in anderen zitiert, eine auffällige Diskrepanz aber fand sich zwischen den Schicksalen der »rein weiblichen« und »rein männlichen«: Die letzteren wurden im Schnitt von fünf Publikationen mehr zitiert als die »rein weiblichen« (schon von diesen Anführungszeichen wird man ja wahnsinnig), und einige der wiederum meßbaren Gründe dafür geben denen, die mehr weibliches Auftrumpfen empfehlen, sogar recht, nämlich etwa, daß 1. Frauen sich selbst wesentlich seltener zitieren als Männer und 2. Männer andere Männer erheblich öfter zitieren, als eine reine Zufallsverteilung nahelegen würde, was unter anderem bedeutet, daß die offensichtlichste Korrekturmaßnahme gegen Problem 1., nämlich die Nichtberücksichtigung von Selbstzitaten im über das akademische Schicksal mitentscheidenden *citation index*, nicht viel ausrichten könnte.

Weil die institutionelle Welt, in der das alles eine Rolle spielt, von der höheren Verwaltung, der Politik und den die Akademie umgebenden Arbeitsmärkten bekanntlich immer offener genötigt wird, sich als eine Art Fabrikverbund aufzufassen, der Expertise produziert wie in besten fordistischen Zeiten die Autoindustrie ihre Blechkisten, spült ein Befund wie dieser auch die Sandberg-analogen Motivationsreden in die Fachzeitschriften und Gespräche am Rand einschlägiger Zusammenkünfte, und den ernsten Leuten in den universitär-funktionalen Erkenntnis- und Bildungsberufen fehlt leider ein Immunsystem gegen diesen Quatsch, wie es die Breitenpublizistik und das Feuilleton immerhin noch hat, was sich zum Beispiel darin äußert, daß Anne Appelbaum in der »New York Review of Books« den Welterfolg des Sandberg-Schinkens völlig richtig als etwas einordnet, das mit Zeitdiagnose, Gesellschaftsanalyse oder gar -kritik überhaupt nichts zu tun hat, sondern eine reine Produktinnovation auf der Kreuzung von Wellness und Karrierismus darstellt, »the first truly succesful, best-selling ›How to succeed in busineess‹ motivational book to be explicitly designed and marketed for women« – also ein Versuch, das Schlechte erträglicher zu machen, indem man sich was Schönes kauft, diesmal nicht Schuhe, sondern eine Schwarte.

5
Lustbilanzen an der Chancenbörse

Männer und Frauen der reichen Staaten der Gegenwart produzieren gemeinsam, arbeitsteilig und koordiniert, lieben exogam (aber nicht immer monogam), also nicht nach Blutsgemeinschaft, und erleben sich und einander als gesellschaftlich begrenzt und bestimmt, ihre Beziehungen als gesellschaftlich ermöglicht oder gestört. Das sind alles Fortschritte gegenüber dem Hordenwesen. Aber die ganze schöne gemeinsame, arbeitsteilige, koordinierte Produktion, exogame Liebe, gesellschaftliche Regulation ist allenthalben vermittelt mit Ausbeutung, Ausgrenzung, Einschließung, Unterdrückung, Vorrechten und Benachteiligungen, und deshalb erleben Männer und Frauen sich und einander eben auch immer wieder als ausgebeutet, ausgegrenzt, unterdrückt, bevorrechtigt oder benachteiligt.

Wenn jemand also über Unglück, Mißstände, Angst und dergleichen reden will, ohne auch über Ausbeutung, Ausgrenzung, Einschließung, Unterdrückung, Vorrechte zu reden, geht das nur auf zwei Arten: kommerziell als Lebenshilfemarketing (siehe oben), politisch als Reformismus (siehe ganz oben: das Schlechte verbessern, ohne an das zu rühren, was daran schlecht ist). Das Lebenshilfemarketing haben amerikanische Individualisten erfunden, den Reformismus deutsche Sozialdemokraten – letztere erfinden überhaupt dauernd schreckliche Sachen, zum Beispiel den Patriotismus aus staatstragender Verlegenheit als Begleitmusik zum Beginn des Zweiten Weltkriegs oder die Zerschlagung sozialer Sicherungssysteme aus Standortbodenständigkeit als Beitrag zur sogenannten Globalisierung; man kann nach über hundert Jahren Karriere jener Partei in dieser ekligen politischen Nische ohne Übertreibung sagen, das Erfinden solcher Sachen sei ihr Kerngeschäft.

Wichtigste Voraussetzung für den Reformismus ist die Leugnung der Tatsache, daß ein System ein System ist (»Wie, Hochschulpolitik? Ich finde, wir sollten die Mensa freundlich blau neu streichen und dann mal weitersehen«).

Was der Servicevermarktung die Lebenshilfe, ist dem Reformismus die Realpolitik, was der Servicevermarktung der Individualismus, ist dem Reformismus die Interessenwahrung (statt etwa: Programmatik), was der Servicevermarktung die Psychologie, ist dem Reformismus die Gemeinschaft, die er stiftet: die schlechte Verneinung einer schlechten Option also, oder: Klientelgemütlichkeit statt Aufstieg, andere Scheiße statt Scheiße.

Ein Problem politisch falsch zu formulieren kann für die Depolitisierung dieses Problems noch wirksamere Dienste leisten als der gerade Weg in die selbstoptimierende Ökonomisierung. Vor allem geht der Reformismus nicht nur von falschen Diagnosen aus, er produziert auch wieder welche. Wer die Frage »gesellschaftliche Produktion vs. private Aneignung« klären will, indem »wir alle« sparsam, fleißig und kooperativ sind, bis wir den Kapitalisten schließlich den Kapitalismus einfach abkaufen können, wird von den auf diesem Weg notwendig eintretenden Fehlschlägen eben nicht klug, sondern immer dümmer, sieht nämlich irgendwann die Frontverläufe der Klassenkämpfe einfach deshalb tatsächlich nicht mehr, weil das eigene Tun sie zuschmiert. Wer die über Geschlechterkategorien vermittelten, in Geschlechterpraxis organisierten Varianten von Ausbeutung, Ausgrenzung, Einschließung, Vorrechten und Benachteiligungen überwinden will, indem »wir Frauen« frech, initiativ, solidarisch und postengeil agieren (Marktspielart: via Ellenbogen, Reformspielart: via Gleichstellung nicht von Anfang an, sondern nach Vorauslese durch das unverändert gelassene Ausbildungssystem, als »Höhere-Töchter-Quote in die Chefetage« also), sieht irgendwann nur noch den Sexismus der Zoten und des Stalking, aber nicht mehr den der Sortiermechanismen, die schon dafür sorgen, daß es eher der Hochgestellte ist, der die Aufsteigerin anmacht, als die Hochgestellte, die den Aufsteiger verunsichert.

Auch Leute, die »eine neue Gesellschaft« wollen und nicht nur einen tollen Job, verblöden an der falschen Praxis und produzieren dann entsprechend falsche Bilder von der Lage – nicht nur die Karrierefrau Sandberg redet dann Stuß, auch die rechtschaffen an den einst von der Arbeiterbewegung erkämpften »öffentlichen Sektoren« der Ökonomie interessierte Volkswirtschaftlerin Alison Wolf redet welchen, nur anderen – immerhin doch eine engagierte Feindin des Analphabetentums, Beraterin des staatlichen Gesundheitswesens, eine klassische Fürsorge-Sozialmanagerin also, qualifiziert als Ingenieurin des Reformismus, was sie nicht daran gehindert, sondern geradezu motiviert hat, 2013 das deprimierend kurzsichtige Buch *The XX Factor: How Working Women are Creating a New Society* in die Welt zu setzen.

Statistik, Statistik, Statistik und so schöne Grafiken, »es sieht alles aus wie Wissenschaft« (Ellen May Ngwethu): Auf den ersten Blick ins Buch sieht es so aus, als würde hier ganz anders gearbeitet als bei Sandberg, weil das Augenmerk eben nicht auf der einzelnen Glücksritterin liegt, sondern auf dem soziopolitisch ernstgenommenen Kollektiv *Working Women*, nicht im Jobzerstäuber atomisiert, sondern großräumig aufgefaßt, Big Data vom Wuchtigsten. Nur kommt es dabei eben darauf an, wie man diese Datencluster befragt, und die Antwort wird immer so dumm sein wie die dümmste Frage, die man gestellt hat.

Welche stellt Wolf? Sie will wissen: Wer ist die Avantgarde, wer sind diejenigen, die es richtig machen, was für Frauen brechen die Blockade? Gibt es irgendwelche nicht auf den ersten Blick als berufsbezogen identifizierbaren Verhaltensparameter – also nicht die plumpen Selbstvermarktungstricks, die Sandberg lobt –, die signifikant mit der Überwindung geschlechterbezogener Grenzen sozialer Mobilität korrelieren? Was für soziale, behaviouristisch markierbare, also nicht einfach psychologische Wesen sind diejenigen, die sich zur Not selbst zitieren, die sich nicht davon einschüchtern lassen, daß in den »Fortune 500«-Firmen nur 4,2 Prozent der Kommandohöhen der herrschenden Klasse von Frauen besetzt sind?

Dieser Untersuchungsansatz mag ans Erkenntnisinteresse etwa der Studien zum autoritären Charakter erinnern, die Adorno und andere unternommen haben, und bei denen die Kernfrage lautete: Wie mißt man die vorderhand unpolitischen Attribute von Faschisten, ihr Geschmacksverhalten, ihren, wie man heute mit Pierre Bourdieu sagen würde, Habitus? Adorno und seine Forschungsgruppe wollten das in beobachtbare Größen übersetzen und dann quantifizieren, was die von ihnen geschätzte Psychoanalyse Freuds die »charakterneurotische Reaktionsbasis« nennt: Wie steht der Antisemit zum Paarungsbenehmen? Wolf krempelt diesen Ansatz aber um, sie untersucht nicht die Macken der Verrückten, sondern die Tugenden der möglichen Vorbilder und fragt dann: Welches Sexualverhalten hat eine Frau, die sich im Berufsleben nicht mit einem Platz am Katzentisch abspeisen läßt?

Mit spürbarer Billigung und peinlichem Entdeckerinnenstolz tischt sie ihrem Publikum dann etwa das Ergebnis auf, daß unter amerikanischen Frauen, die einen akademischen Abschluß schaffen, der ihnen die sprichwörtlichen Türen öffnet, mehr als die Hälfte angibt, sie sei beim ersten Geschlechtsverkehr älter als neunzehn Jahre alt gewesen. Umgekehrt hatte von denen, die das Lernen an »höheren Schulen« früher oder später aufgeben, rund die Hälfte schon vor dem sechzehnten Lebensjahr Geschlechtsverkehr. Das also sind die arbeitenden Frauen, die eine neue Welt schaffen: Töchter und Enkelinnen von Reagan, Thatcher und Kohl allesamt, auf der ökonomischen Überholspur, aber moralisch in Adenauers Fünfzigern geparkt. Der Fortschritt besteht dann darin, daß sich die Mädels in Zucht nehmen, während sich die Jungs nach alter Väter Sitte »die Hörner abstoßen« – wer das nämlich hinter sich hat, findet in die entsprechenden homosozialen Männerbünde auch heute leichter als das männliche Mauerblümchen.

Wo die Voraussetzung der Emanzipation die Genußverweigerung ist, denkt man sie also als neue Spielart der vulgärliberalen Selbstzerstörung als Selbstoptimierung, die man an den männlichen *winners* studieren kann, wenn man will, auch wenn's bei denen nicht der Sexus ist, den sie sich abklemmen – ich kenne ein paar dieser Sieger aus der chemischen Industrie, der Medienwelt, der Kulturschickeria, der Univerwaltung: Sie ernähren sich von Scheiße, ihre Beziehungen sind Mondlandschaften, sie fressen Muntermacher zum Dranbleiben und Hirntöter zum Abschalten. Wer darauf neidisch ist, wer in dieser Liga dieses Spiel mitspielen will, hat höchstwahrscheinlich einen schweren Dachschaden und tritt so gesehen durchaus mit der richtigen Voraussetzung an, »eine neue Welt« zu erschaffen, die halt noch schlimmer wird als die vorhandene – es gibt eben, mit Clara Drechsler zu reden, immer wieder Weltverbesserer (gleichgültigen Geschlechts), die man nur deshalb nicht als solche erkennt und für etwas anderes (etwa Forscherinnen) hält, weil man nicht fassen kann, was diese Leute für eine Verbesserung halten.

Falsche Diagnosen aus falscher Programmatik: Weil Wolf glaubt, es ginge darum, sich wie die Bernstein-Gläubigen unter den alten SPDlern in das, was einen kaputtmacht, einzukaufen, kommt sie zu Schlüssen wie dem, daß Keuschheit die Birne freihält für die große Aufgabe der verweiblichenden Wirtschaftsrevolution, während Unzucht die neue Schattengewerkschaft ohne Penis schlapp macht, ihre Schlagkraft untergräbt, ihren revolutionären Elan ausleiert.

Das aber ist keine Beobachtung, das ist eine Erzählung, die vergessen hat (und vergessen macht), daß im sozialen Leben eben nichts bewußtlos korreliert wie in der teilchenphysikalischen Nebelkammer oder im Gasgemisch-Labortank, sondern aus jedem Ei (Verhalten Y), das eine Henne (Subjekt X) gelegt hat, wieder eine Henne (Subjekt Z) schlüpft, und daß man anders als in der Naturwissenschaft keinen Nullpunkt setzen kann – anders gesagt: Wie etwas zusammenhängt, das sozial auffällt, kann man eben nicht statistisch, sondern nur kausal (vornehmere Zeiten sagten: historisch) entscheiden, sonst kommen bei der Beobachtung einer Gesellschaft immer nur deren eigene Binsenweisheiten raus, die berühmten »Illusionen, die sich eine Epoche von sich macht« (Marx), in Wolfs Fall also etwa die Feminisierung der stumpfen Fußballtrainerweisheit »Vor dem Spiel wird nicht gefickt«.

»Binsenweisheiten« ist hier ein höfliches Wort für Sexismus oder auch, um mal eben zur Kontrastverschärfung ein anderes Beispiel biologistisch codierter sozialer Schweinerei zu nehmen, Rassismus: Seit einiger Zeit, nämlich schon vor Obamas erster Amtsperiode, wird in den USA darüber geredet, ihre Gesellschaft sei *post-racial*, also über die

Rassen – nicht: über den Rassismus – hinaus. Mit dieser Beschreibung versuchen die, die sie lanciert haben, dem Umstand Rechnung zu tragen, daß der Rassismus als offen bekanntes Programm in der veröffentlichten Meinung abgewirtschaftet hat – sogar bei Fox News. Sie tun so, als gäbe es ihn nicht mehr. Daran ist so viel richtig, daß er in den letzten dreißig Jahren nicht mehr so häufig in seiner angestammten, als Urteil über Höher- und Minderwertigkeit von Menschengruppen gefaßten Gestalt auftritt. Statt dessen klagt man über Zustände in gewissen Problemzonen des Gemeinwesens und ringt die Hände darüber, wie bedauerlich dieser oder jener Vorfall in der *black* oder *hispanic community* sei. Sie sind so unverheiratet schwanger, sie sind so analphabetisch, sie sind so kriminell, und das liege ja gewiß nicht an den Genen, mache es aber doch erforderlich, daß man die betreffende *community* zum Objekt von allerlei *social engineering* zurichten müsse. Ob die Bürde des weißen Mannes, »denen« Manieren beizubringen, aber genetisch oder feuilletonistisch-impressionistisch begründet wird, ist denjenigen, die diese Manieren lernen sollen, vermutlich relativ gleich.

Anlässe für den zivilisatorischen Eifer der Arschlöcher finden sich ja jederzeit in den Nachrichten – 2012 war das zum Beispiel über Wochen der Tod des jungen Schwarzen Trayvon Martin, den ein bewaffneter Nachbarschaftsschützer erschoß, der dann nicht bestraft wurde, obwohl (oder: weil?) seine Notwehrrechtfertigung ausschließlich in rassistischer Feinderkennungslogik einen Sinn ergibt: Wer schwarz, männlich und jung ist, dazu noch einen Kapuzenpullover trägt wie Martin, ist statistisch gesehen – so leid einem das dann tut, man ist ja kein Rassist – objektiv eine Bedrohung, den darf man abknallen. Die nach wie vor drastischen Gefälle in Bildung und sozialer Mobilität zwischen schwarzen und anderen Menschen in den USA werden dann von rechts grundsätzlich unter dem Aspekt thematisiert, daß dies eben leider daher komme, daß schwarze Familien im Schnitt noch kaputter seien als weiße – nur die Rückkehr zum *basic family unit*, der Keimzelle des Gemeinwesens, könnte die von African Americans bevölkerten Regionen retten. Stehende Topoi solcher Debatten sind dann die *deadbeat dads*, die ihre Kinder alleine lassen, und die *welfare mothers*, die beim Staat *food stamps* holen. Der oben schon erwähnte Fernsehdemagoge Bill O'Reilly ist seinen schrilleren, witzfigurenhafteren Konkurrenten zwischen Rush Limbaugh und Glenn Beck in diesem Spiel seit Jahren vor allem deshalb überlegen, weil er selten in die hausbackenen Stammtisch-Sexismen und -Rassismen abrutscht, mit denen die anderen ihre Predigten würzen, und sich statt dessen immer wieder als »Mann der Mitte« darzustellen weiß – so verweigerte er sich der Dämonisierung der Homo-Ehe, unterstützte das Recht einer familienorientierten Kaufhauskette, die lesbische Entertainerin Ellen DeGeneres für sich werben zu lassen, und hielt sogar den Irak-Krieg des George W. Bush für falsch – hinterher.

O'Reilly stellt, für seinen mächtigen Sender beispielgebend, mit Vorliebe das »schwarze Bürgerrechtsestablishment« und die »schwarze linke Lobby« in den Senkel: Die würden das Los der ärmeren Schwarzen ignorieren und seien vor allem nicht bereit, die Wurzel allen Übels zu benennen und zu bekämpfen, nämlich, daß es zu viele *deadbeat dads* und *welfare mothers* gebe – ersteren müsse man im Interesse letzterer einbläuen, sie stünden in der Verantwortung, letzteren müsse man klarmachen, daß Kinderkriegen kein Spiel sei.

Henne und Ei: Wer behauptet »Erst gehen die Familien kaputt, dann breitet sich das Elend aus«, will vor allem vergessen machen, daß die meisten Verhaltensweisen, die O'Reilly und seinesgleichen als unmoralisch, seelisch kaputt und asozial stigmatisieren, schlicht Versuche sein dürften, sich genau die Privatausgänge aus dem Elend zu graben, die der den amerikanischen *conservatives* sonst so liebe Individualismus nahelegt – keine neue Erscheinung, schon Uwe Johnsons *Jahrestage* lassen die im New York des Jahres 1967 lebende zehnjährige Marie ihrer Mutter von einer schwarzen Freundin erzählen, die mit zahlreichen Männern geschlafen hat, »damit sie ein Kind kriegte. Sie wollte eins, damit die Fürsorge ihr ein eigenes Konto gibt und sie ohne die Familie und allein in einem Zimmer für sich leben kann.«[3]

Ein Zimmer für sich: Mit Virginia Woolfs »room of one's own« fängt vielerorts nach wie vor der Feminismus an – aber war das so gemeint, oder gilt das nur für wohlhabende, gut ausgebildete, schöngeistig orientierte, wenn möglich geniale weiße Engländerinnen und nicht für schwarze Ghettomädchen?

---

3 Uwe Johnson: *Jahrestage*. Frankfurt am Main: Suhrkamp Verlag 2000, S. 312.

6
Das Altern der Neuen Sozialen Bewegungen

Es ist nicht zu übersehen, daß die derzeitige Aufstiegs- und Berufsweltverbesserungsliteratur mehr ist als nur eine Nachgeburt des Feminismus. Das ist sie auch, aber damit gehört sie überdies zu einer allgemeineren Erscheinung: zu den Spätfolgen der »Neuen Sozialen Bewegungen« der siebziger und achtziger Jahre überhaupt. Das hat sie gemeinsam mit der Öko-Solarspießer-Schöner-Wohnen-Scheiße, den Ethnokitschzumutungen mancher Segmente der sogenannten »Weltmusik« etc., der »Neon«-Jugendanbiederei. All das bedient sich bei bestimmten Stallwärme-Sounds jener Zeit, um kompensatorische und kosmetische Effekte im Kontext einer umfassenden Entsolidarisierung zwischen reichen Gesinnungslinken und abgehängten Modernisierungsverliererinnen und -verlierern zu erzielen. Wenn es um den Biedersinn der »Taz«-Abonnentinnen und -Abonnenten geht, darf man von Hartz IV schweigen und sich trotzdem links fühlen.

Die konkrete politische Arbeit an Antidiskriminierungs-Issues, *identity politics* und ähnlichem ist zwar, anders als bestimmte vulgärmarxistische Reflexe das schon vor vierzig Jahren sehen wollten, nicht als Hebel zur Rettung existierenden Klassenunrechts auf dem Weg des Aushandelns von Seperatfriedensschlüssen auf nicht primär ökonomisch formierten Unrechtsschauplätzen entstanden. Aber sie läßt sich dazu gebrauchen, und das ist schlimm genug. Eine Ahnung davon, zu ihrer Ehrenrettung sei's gesagt, verspürt selbst Alison Wolf, wenn sie immerhin hin und wieder andeutet, daß diejenigen Frauen, deren Arbeit laut dem Untertitel ihres Buches eine »neue Gesellschaft« herstellt, aus einem Pool von höchstens zwanzig Prozent der Frauen selbst in den reichen Gesellschaften kommen; in ärmeren dürften es noch weniger sein. Sie nennt diese Frauen die Bestausgebildeten und sogar »a class of their own«, da liegt aber kein marxistischer Klassenbegriff vor, sondern so eine Art Was-ist-Was-Gemälde mit lauter »Anwältinnen, Unternehmerinnen, Armee-Offizierinnen« drauf, nebst Frauen, die »einen Kabelsender oder einen Zweig der Regierung leiten«, aber jedenfalls keine, deren Mütter jemals als Müllsortiererinnen oder an der Kasse beim Discounter gearbeitet haben.

Family values, das heißt die Überzeugungen der klassischen Rechten zwischen religiösem und völkischem Mist, diktieren den Anwältinnen wie den Müllsortiererinnen bekanntlich dasselbe Förmchen: Mütter sollen Mütter und Hausfrauen sollen Hausfrauen bleiben, egal, ob gerade Vollbeschäftigung, Fachkräftemangel, Massenarbeitslosigkeit oder punktuelles Überangebot an bestimmten qualifizierten Arbeitskräften herrscht. »Der Kapitalismus« dagegen richtet seine Frauenpolitik (und seine Zuwanderung und tausend andere Maßnahmenmenüs) an genau solchen Fluktuationen aus – steht »der Kapitalismus« also links von dem, was ich die klassische Rechte nenne?

Der Reihe nach, genauer, am lebenden Objekt: Die NPD zum Beispiel besteht im Zusammenhang der versprochenen Kitaplätze für alle (ab 1. August 2013 mit BRD-Rechtsgarantie) und der medialen Quotenschlacht im Sommer und Frühherbst 2013 darauf, die Frau gehöre als Mutter ins Haus, unabhängig vom Einkommen der Familie: »Anstatt sich am Wichtigsten zu orientieren, dem Kindeswohl nämlich, wird mit ›Karriereunterbrechung‹ oder dem neuen Universalargument ›Fachkräftemangel‹ ein Schreckgespenst aufgebaut, dem offenbar nur mit der Fremdbetreuung unserer Jüngsten zu begegnen ist. Natürlich werden in den allermeisten Einrichtungen die Kinder liebevoll betreut, und niemand bestreitet die Tatsache, daß viele junge Mütter einfach arbeiten müssen, um überhaupt ein annehmbares Familieneinkommen zu haben. Gerade aber in den ersten Lebensjahren, wenn der Grundstein für das ganze weitere Leben gelegt wird, wenn sich Bindungs- und Sozialverhalten ausprägen, sollte es selbstverständlich sein, daß das Kind zur Mutter gehört. Deshalb fordert die NPD schon lange ein Müttergehalt – ein Müttergehalt für die ersten drei Lebensjahre des Kindes« (Gitta Schüßler, NPD-Abgeordnete im sächsischen Landtag, September 2013 in der Parteizeitung »Deutsche Stimme«).

Abgesehen vom nazi-üblichen Deppendeutsch (es »sollte selbstverständlich sein«, daß etwas irgendwohin »gehört«: eine modale Tautologie zum Davonlaufen), kann man in Kenntnis feministischer Theoriebildung und Politik hier auf den unangenehmen Querfrontgedanken kommen: Ist das jetzt die Mutterkreuzvariante der Forderung »Lohn für Hausarbeit«, und war die nicht links? Hängt der Unterschied zwischen links und rechts also am Baby allein? Hier liegt eine verschüttete Spur, die ich weiterverfolgen möchte, ein Vorhaben, in dessen Verlauf sich unter anderem zeigen wird, »was die Frauen Karl Marx verdanken« (Clara Zetkin).

Die Neuen Sozialen Bewegungen – Ökologie, Frieden, Homosexuellenrechte, Frauen, Behinderte, Antirassismus – waren nicht nur (aber oft mit Entschiedenheit) innerlinke Angriffe auf den seinerzeit vielgeschmähten, seither auch von damals Neusozialen oft vermißten »Arbeiterbewegungsmarxismus«. Sie hatten auch viel von ihm gelernt – man konnte ökonomisch argumentieren: Antirassismus wußte vom »Teile und herrsche« im Gastarbeiterwesen, Friedensbewegte sprachen vom militärisch-industriellen Komplex, Ökologie war mit Profitschelte vermittelt, und in der Frauenbewegung waren Reste der Kritik an Lohnarbeit, an in der Produktion und Reproduktion der Gesellschaft organisierter Entfremdung lebendig oder wenigstens modisch. Wie heute Physiker und Mathematiker aus den Instrumenten des auf die Natur gerichteten Wissens sogenannte Finanzprodukte bauen, bauten ehemalige Marxistinnen, ehemalige SDSlerinnen aus Restbeständen der Werttheorie feministische Kritikprodukte, und zu denen gehörte auch eine »Lohn für Hausarbeit«-Kampagne.

Nach dem Kalten Krieg waren jene Restbestände aus den meisten feministischen Diskussionen international zunächst gründlich herausgewaschen;

Mühe macht es also etwa der verdienstvollen Kathi Weeks, die ökonomischen Ideen jener Bewegung in ihren Veröffentlichungen zu rekonstruieren. Die interessanteste von diesen, *The Problem with Work – Feminism, Marxism, Antiwork Politics and Postwork Imaginaries* (2011), will die Geschlechterfrage auf ähnliche Art in einen komplexen, originellen und stellenweise dann doch ein bißchen sehr haarspalterischen Neomarxismus importieren, wie das etwa auch die deutsche sogenannte »Wertkritik« mit ihrem »Abspaltungstheorem« versucht hat, einer verwickelten und verschachtelten Darstellung der ausgelagerten »weiblichen« Arbeit als Voraussetzung der männlichen Wertschöpfung.

Die meisten derartigen Versuche haben an der hirnverengenden Hypothek zu knuspern, daß gegenwärtig keinerlei wirksame (im Gegensatz zu: nostalgischen, sentimentalen) Verbindungen mehr zwischen solcherart marxaffiner, marxophiler, »marxianischer« (Peter Hacks) Theoriebildung einerseits und irgendeiner Form von ökonomischem Kampf (Streiks, Kampfkassen, selbstorganisierte *pressure groups*) andererseits existieren. Es gibt nicht mal mehr eine von diesen Theorien geträumte, phantastisch aufgeputzte derartige Verbindung, wie noch bei den KP-Traditionsscharaden der im Zerfall befindlichen Studentenbewegung (wo zwei oder drei in Maos oder Stalins Namen beisammen sind, da sind jene mitten unter ihnen ...).

Dafür können weder die Wertkritik noch Kathi Weeks etwas. Erstere aber macht aus der Not eine Tugend und moralisiert gegen das gesamte arbeiterbewegungsmarxistische Erbe, während Weeks versucht, das, wofür sie keine Anschauung mehr hat, aus der Philologie zu holen. Damit kommt sie dann so weit, wie sie eben kommt: Kinderaufzucht und Haushaltserledigungen als »Arbeit« zu definieren sei, so deutet sie die Archive, gerade kein Versuch gewesen, jene Reproduktionstätigkeiten aufzuwerten, sondern im Gegenteil eine Intervention auf dem Weg, diese Arbeit nicht länger widerspruchslos und gefügig zu tun – das holt sie sich bei Silvia Federici, die jüngst auch in Deutschland wiederentdeckt wurde und bei der Edition Assemblage ihre alten Ansätze in *Aufstand aus der Küche* (2012) im Rahmen einer Reihe namens »Kitchen Politics. Queerfeministische Interventionen« auffrischen darf.

Der ideologiekritische Ansatz dabei war die Idee, daß Frauen, wenn sie sich sagen, lieber zu Hause bleiben, es ist ja wenigstens keine entwürdigende Lohnarbeit, es geht ja wenigstens nicht um den Tauschwert, es zeigt sich doch wenigstens, was in der Fabrik und im Büro schon lange nicht mehr der Fall ist, ein Gebrauchswert (das fröhliche Kind, das gute Abendessen ...), sich etwas vormachen – die Entfremdung, die man bei der Lohnarbeit sieht, weil sie unmittelbar mittelbar aussieht, regiert auch in der Küche, im Schlaf- und im Kinderzimmer den Umgang der Menschen miteinander. Daran anschließend zeigt Weeks ein feines dialektisches Gespür dafür, daß man diese Einsicht sogar umgekehrt lesen kann: Aus der unmittelbar erlebten Unfreiheit zu Hause entkommt man eben nicht, wenn man sie mit der mittelbaren eines geregelten und bezahlten Beschäftigungsverhältnisses eintauscht, und »if the demand for wages was not meant to celebrate domestic work, neither was it intended to sanctify it. These feminists' insistence on the productivity of unwaged domestic work was not a moral claim. (...) The application of the refusal of work to the field of unwaged domestic work substantially raises the stakes of the project of refusal: it is one thing to refuse waged work, but quite another to contest the institution of the family and the modes of labor it organizes and imbues with meaning.«[4]

Oder auf ganz einfach: Erst wenn man durchgesetzt hat, daß das, was man macht, der Lohnarbeit strukturell ähnelt, kann man durchsetzen, daß gestreikt wird. Diesen Gedanken verstehen Leute wie Alice Schwarzer grundsätzlich sehr ungern – Leute, die das allmähliche Vergessen der Wechselwirkung zwischen Arbeiterbewegung und Neuen Sozialen Bewegungen nicht nur miterlebt, sondern forciert betrieben haben, die also durch Anbiederung an die Grünen, die »Bildzeitung« und sonstige Medienpräsenz, durch Distanz von allem, was klassisch links und also weniger beweglich als man selbst war, irgendwelche kurzfristigen Kampagnen-

---

4 »Sowenig die Forderung nach Lohn dazu gedacht war, die Hausarbeit zu feiern, sowenig war sie dazu gedacht, die Hausarbeit zu heiligen. Daß diese Feministinnen darauf bestanden, daß unentgeltliche Hausarbeit produktiv ist, war keine moralische Feststellung. (...) Die Anwendung der Idee der Arbeitsverweigerung auf unbezahlte Hausarbeit erhöht den Einsatz des Verweigerungsprojekts beträchtlich: Es ist eine Sache, Lohnarbeit zu verweigern, aber eine ganz andere, die Institution Familie anzufechten – und die Arbeitsformen, die diese Institution organisiert und mit Bedeutung auflädt.« Kathi Weeks: *The Problem with Work. Feminism, Marxism, Antiwork Politics and Postwork Imaginaries.* Durham & London: Duke University Press 2011, S. 124.

erfolge zu erzielen hofften: Schau mal, ich bin gar keine Sozialistin, schafft ihr dafür wenigstens den Frauenhandel ab? Auch die jüngste Antiprostitutionskampagne des Kulturbetriebsfeminismus in der BRD krankt daher an schwerer Blindheit für die Bemühungen von im Sexgewerbe tätigen Menschen, wenigstens das zu erreichen und zu verbreiten, was die alte Arbeiterbewegung als Vorstufe sozialistischen Bewußtseins (bei der man dann natürlich nicht stehenbleiben darf) als »trade-unionistisches« Bewußtsein kannte: ein Denken in Kategorien wie Solidarität, Rechtssicherheit, Lebensplanung.

Dieses Denken ist aber Voraussetzung einer Interessenarbeit, wie sie etwa von der IUSW (International Union of Sex Workers) geleistet wird, damit das, was Leute tun und erleben, die in einem weitgehend rechtsfreien, gesundheitsgefährdenden und sozial »abgespaltenen« Bereich der Serviceindustrie tätig sind, eben nicht nur moralisch beurteilt (also im Fall der Hausarbeit mit »Mama ist ein Goldstück« heilig gesprochen, im Fall der Prostitution mit »Nutten sind Opfer« bemuttert oder mit »Nutten sind Zynikerinnen« verachtet) wird, sondern nach der ökonomischen, der sozialen und der politischen Seite hin realistisch.

Gerade weil der Neoliberalismus sonst immer so stolz darauf ist, daß er die alte, entwürdigend monotone und tayloristisch verblödete Arbeit in der Produktion durch lauter neue selbstorganisierte Kreativ- und Servicetätigkeiten ersetzt hat, kann man an der Prostitutionsfront einige dort nicht so leicht wegdiskutierbare Schattenseiten dieser Servicesphäre klarmachen und damit zur Politisierung der Frage »Wovon leben die Leute eigentlich?« beitragen – eine Option, die aber gerade verspielt wird, wo man die Sexarbeit aus dem Kontext der Gesamterwerbstätigkeit wie der besonderen, historisch primär Frauen zugemuteten alternativen Ausbeutungszonen (Hausarbeit, Prostitution) herauslöst. Daß die rotgrüne Regulierung der Prostitution nicht, wie Schwarzer und ihre Prominenten suggerieren, deshalb Kritik verdient, weil sie die Prostitution unter den gegebenen Bedingungen kapitalistischer Entfremdung als Arbeit ernstnimmt, sondern weil sie mit dieser Arbeit dieselben Schweinereien veranstaltet wie mit Arbeit überhaupt, ist der Punkt: Wo immer Sozialdemokraten und andere Reformisten staatlich in irgendwelche Erwerbsmärkte eingreifen, geht es einfach um die Ausdehnung des Arbeitstags, die Senkung der Einkünfte aller, die nicht von ihrem Kapital leben, und den Ausbau von sogenannten Niedriglohnsektoren.

Die Scheinradikalität des Ansatzes, Prostitution ganz und gar loswerden zu wollen, ist ein Alarmzeichen: Wie das bedingungslose Grundeinkommen, wenn es denn von Sachwaltern der bestehenden Einkommensordnung durchgesetzt werden sollte, wieder nur zur Ausweitung des Niedriglohnsektors und zu verschärfter Ausbeutung überhaupt noch lohnabhängig Beschäftigter führen wird, ist ein Prostitutionsverbot, das nicht dem Rest der bürgerlichen Verkehrsverhältnisse im Geschlechterbereich zu Leibe rückt, in Wirklichkeit reaktionärer als der Status quo. Wer die Prostitution angreift, aber die Ehe in Ruhe läßt, wer das Grundeinkommen fordert, aber den Mindestlohn egal findet, bereitet der ältesten aller Machtstrategien für Besitzende den Weg: Teile und herrsche, spiele also etwa Studierende oder Künstlerinnen, die vom Grundeinkommen leben, gegen Lehrlinge aus, taktiere mit Hausfrauen gegen Arbeiterinnen, mit Migranten gegen Blutsdeutsche, mit Lehrerinnen gegen Callgirls, mit Krankenschwestern gegen Ärztinnen und so weiter.

Die Siebziger, wie gesagt, wußten derlei noch. Daß dieser Zusammenhang – und was an ihm an schwierigen Problemen für die emanzipatorische Arbeit hängt – heute so schwer zu rekonstruieren ist und selbst eine Gutwillige wie Weeks schwierige Sätze, unanschauliche Sätze schreiben muß, wenn sie es versucht, liegt aber eben daran, daß in der Anschauung effektive (geschweige politische, also gegen staatlich gedeckte Institutionen wie die Familie gerichtete) Arbeitskampfmaßnahmen von Nichtbesitzenden kaum mehr vorkommen.

Von solchen Kämpfen getrennt aber geht es der Idee, Hausarbeit sei nicht anders zu betrachten als Lohnarbeit, wie der Sozialfaschismusthese von Stalins deutschen Leuten: Sie wird eine idealistische Offenbarung (statt eine vernünftige Herleitung) und ein taktischer Fehler. In der Sache stimmte ja auch die Sozialfaschismusthese (die SPD war ja wirklich immer wieder die Wegbereiterin der schweren Absätze, die nachts auf der Straße klapperten, von Deutschland bis Portugal – wenn auch keineswegs, wie Stalins deutsche Leute glaubten und lehrten, aus Berechnung, sondern weil derlei eben passiert, wenn man sich in der oben beschriebenen sozialpartnerschaftlichen Nische einrichtet und die sozialökonomischen Voraussetzungen für diese Nische abgeräumt werden, Näheres bei Kurt Gossweiler und Reinhard Opitz).

Nimmt man dem Ansatz »Lieber kriege ich Geld für direkte Knechtschaft als für vermittelte, weil ich damit die vermittelte und die unmittelbare eben als Knechtschaft entlarven kann« sozusagen den bewaffneten Arm, die reale und vor allem: organisierte, gegen Streikbrecherinnen und Streikbrecher militant verteidigte Arbeitsverweigerung, und läßt ihn nur als dialektischen Denkanstoß kursieren, dann rutscht man sehr schnell eben doch in die Moral, gegen die, das sieht Weeks scharf und richtig, man sich seinerzeit gerade abgrenzen wollte – und zwar in eine besonders putzige, eulenspiegelhafte, die so was sagt wie: Weil ihr Schweine seid, setzen wir uns jetzt in den Matsch, damit ihr euch schämt – ein Gestus, den man in den Siebzigern und Achtzigern auch bei anderen Radikalen beobachten konnte, etwa bei den Inhaftierten aus der RAF, die sich gegen Haftbedingungen, die sie als Vernichtungsversuche einschätzten, mit lebensgefährlichen Hungerstreiks wehrten – was man wiederum nur dann völlig sinnlos oder rätselhaft findet, wenn man in einer Zeit wie der gegenwärtigen lebt, die für diese Art Fallrückzieher kein Publikum mehr hat; der Adressat, die linksliberale, durch die Erfahrung »68« gegangene Öffentlichkeit ist der Resonanzboden, mit dem so etwas bewußt oder unbewußt rechnet.

7
Für Lippenstiftmarxismus, gegen Kippschalter

Der Weg, die Profiteure der Lohnarbeit und ihren Staat dazu zu zwingen, einen Teil des Mehrwerts nicht nur den Lohnabhängigen, sondern auch den Lieben daheim abzutreten, kann nur der Druck an der Stelle sein, wo dieser Mehrwert produziert wird – »Lohn für Hausarbeit« hätte die Frauenbewegung in den Gewerkschaften verankern müssen, wie ja anderes aus den Neuen Sozialen Bewegungen (etwa der Antirassismus) dort hin und wieder durchaus eine Weile Fuß fassen konnte. Nur wenn das geschehen wäre – schwer, sich die »Emma« oder auch die »Courage« dabei vorzustellen, es zu organisieren –, hätte sich der Feminismus, weit davon entfernt, ein Nebenkriegsschauplatz zu sein, als damals (und in mancher Hinsicht, siehe Flexibilitätsdiskussion und andere neoliberale Sauereien, heute noch) vorderste Front der praktischen und theoretischen Kritik am falschen Produktivitätsstandard des Kapitalismus erweisen können. Die historischen Quellen dieser Kritik stehen bei Marx – zum Beispiel in meiner absoluten Lieblingsstelle aus seinem Werk überhaupt, in den *Grundrissen*, wo er erklärt, die bürgerlichen Ökonomen hätten sich, weil sie als produktive Arbeit grundsätzlich nur solche Arbeit definieren wollten, die einen Profit für den Kapitalisten abwerfe, »zu solchen Sykophanten des Bourgeois gemacht, daß sie demselben weismachen wollen, es sei produktive Arbeit, wenn einer ihm die Läuse auf dem Kopf suche oder ihm den Schwanz reibe, weil etwa die letztre Bewegung ihm den dicken Kopf – blockhead – den nächsten Tag aufgeräumter für das Comptoir machen werde«. (Für »Comptoir« kann man heute den Druckfehler »Computer« lesen). »Es ist daher ganz richtig – zugleich aber auch charakteristisch –, daß den konsequenten Ökonomen die Arbeiter z. B. von Luxusshops produktive Arbeiter sind, obgleich die Kerls, die solche Gegenstände verzehren, ausdrücklich als unproduktive Verschwender kastigiert werden. Das fact ist, daß diese Arbeiter, indeed, produktiv sind, as far as they increase the capital of their master; unproductive as to the material result of their labour. In fact ist ja dieser ›produktive‹ Arbeiter grade ebenso interessiert an dem Scheißdreck, den er machen muß, wie der Kapitalist selber, der ihn anwendet, und der auch den Teufel nach dem Plunder fragt.«[5]

Wenn das die Stelle ist, an der »abgespalten« wird (und an der noch heute die Google- und sonstigen Monopolgiganten ansetzen, wenn sie etwa Informationsarbeit nach bezahlter und unbezahlter trennen, während Scheingefechte um Copyright davon ablenken, daß es um Bezahlung für Arbeit, nicht Preise für Besitz geht), dann müssen die entsprechenden Kämpfe nicht bei den Steuerverteilern vom Staat ansetzen (so wichtig diese Flanke ist, in Deutschland zur Zeit auf »Quote« reduziert),

5 Karl Marx: *Grundrisse der Kritik der politischen Ökonomie*. Berlin: Dietz Verlag 1974, S. 184.

sondern da, wo produziert wird, am *soft underbelly* des Kapitalismus, da, wo er sich mästet, nicht da, wo er Almosen wie Hausfrauengehalt oder Grundeinkommen ausscheidet, wenn er mag. Ich möchte einmal eine linke, antisexistische, antirassistische Kritik an Ideologien wie jenem Fachkräftemangel (bei der es in Wahrheit ja um die angestrebte Erblichkeit von Bildungschancen qua Wurfanreizen für Gutverdienende geht) hören, die ihre guten, emanzipativen, egalitären Ziele mit derselben Unnachgiebigkeit, Hartnäckigkeit und Weigerung, das Quatschwort des Tages zu fressen, vertritt und daran festhält wie die NPD an ihren finsteren, völkischen, wahnsinnigen und schweinischen.

Das Fachkräfte-Ideologem heißt als Weichenstellung für erneuerte Hetze nach dem Motto »Kinder statt Inder« ja nichts anderes als: Kitaplätze bitte auch klassengestaffelt, wie früher das mehrgliedrige Schulsystem, damit die Akademikerinnen Edelbrut nicht nur dann abwerfen, wenn diese Akademikerinnen auf dem universitären oder industriellen (etwa: IT- oder Life-Science-)Markt mal gerade nicht gebraucht werden oder sich davon auf längere Zeit ins Private zurückziehen. Wirke oder wirf für den Standort, deutsche Mutter, und tu's qualifiziert!

Solche Kippschalter sind das Ergebnis der allermeisten »Reformen« und »Modernisierungen«, die das Kapital fördert, statt sie zu blockieren: Wenn es zwei Möglichkeiten der Lebensgestaltung für Frauen gibt, etwa die häusliche und die berufliche, dann heißt »Gleichstellung« aus kapitalistischer Perspektive einfach, beide sollen produktiv (im oben ausgeführten Marxschen Sinne) sein – dafür, die Position b (Frauen können auf den Arbeitsmarkt, Gastarbeiter dürfen ins Land) eines solchen Kippschalters zu etablieren, wo es traditionshalber nur die Position a gab (Frauen gehören ins Haus, Fremdrassige ins Ausland), werden dann mitunter Linke auf ideologische Multiplikatorenposten gesetzt – und wieder entsorgt, wenn der Schalter kippen soll.

Das, sonst nichts, erklärt die neue Quotenfreundlichkeit mancher *board rooms* und gewisser Segmente der hohen Politik, und ich rate natürlich dazu, die Gunst der Stunde zu nutzen – nur für den Entscheidungskampf soll niemand halten, was bestenfalls geeignet ist, ein paar Kampfbedingungen zu verbessern. Aber selbst das will ja erst mal geleistet sein, und mancher meint, er käme da mit billigster Roßtäuscherei davon. Eine Anekdote gegen die Behauptung, es gehe doch gegenwärtig mal wieder in Windeseile voran mit der guten Sache: Aus zuverlässiger Quelle weiß ich, daß es, wie beim schlagenden Ehemann, der sich Stellen aussucht, die man beim Einkaufen im Supermarkt der Gattin dann nicht ansieht, auch in der neuen medialen Quoten-Hausse niemanden was angeht, wie's drinnen aussieht, und einige der eifrigsten publizistischen Kavaliere von unsereins qualifizierter Weiblichkeit privatim (also etwa: im Chefsessel) die alten Zoten reißen und untergebene Frauen massiv einschüchtern, die es wagen, zu einem für den jeweiligen Laden inopportunen Zeitpunkt schwanger zu werden.

Der sozialökonomische Kippschalter äußert sich in der individuellen Charaktermaske des Schweinesystems (»Funktionsträger«) eben als »zwei Seelen in einer Brust« – auch das hat Uwe Johnson in den *Jahrestagen* schön geschildert, an der Stelle, wo der Bankchef seine Angestellte Gesine Cresspahl in den Old Boys' Club mitnimmt: »Sie ahnt, worauf de Rosny hinaus will mit ihr in dieser Gesellschaft von Herren mit mehrfachen Vorrechten; sie weiß nicht sich gemeint. Von seinesgleichen befragt, würde er etwas von sich geben über die Gleichberechtigung der Frau, geradezu das Wort Emanzipation nähme er in den Mund mit jenem heiteren Ernst, dem selbst seine Freunde von der Westküste nicht so leicht Spott unterschöben«[6] – und ein paar Sätze weiter haben wir denn auch schon die Kosten, die das für Frau Cresspahl fordert und die das gerade Gegenteil des ihresgleichen heute eingeredeten »erotischen Kapitals« sind: »So darf die nicht mehr sorglos zur Arbeit gehen in einem etwas verjährten Kleid (...); die letzte Aufbesserung im Gehalt wird fast jeden Monat aufgefressen von Einkäufen in Läden, die mögen die Dienstmädchen der Kennedys sich leisten können, aber doch nicht die Angestellte einer Bank.«[7]

Aufstieg kostet mindestens Zeit, die bekanntlich Geld ist. In der hyperkonnektiven Gegenwartswirtschaft gehören nicht nur die passenden Klamotten und die passende Physis dazu, der man zur Not mit Ultherapy nachhilft, sondern etwa auch die zeitfressende »Erreichbarkeit« per Gadget – wer mehr Geld kriegt, blecht mit weniger *quality time* für

---

6 Uwe Johnson, a.a.O., S. 1306.
7 Johnson, ebd.

Partnerschaft und Nachwuchs, die durch das Summen des kleinen flachen Fußfesselchens begrenzt ist. So sehen die Deals aus, die das Kapital freiheits- (und im tragischsten Fall nur deshalb aufstiegs-)willigen Frauen anbietet, und damit sind auch sie angeschmiert, nicht nur der Paterfamilias – der davon aber das lautere Geschrei macht, wie abstiegsbedrohte Privilegierte immer (es waren Kleinbesitzer, etwa Weinbauern, die den Anti-Atom-Protest Ende der Siebziger erstmals hör- und sichtbar machten, nicht die Flüchtlinge aus den K-Gruppen, die ihm dann oppositionelles Profil verschafften).

Was auf den Kommandohöhen männliche Heuchelei ist, ist unten im Dreck, also auf der Baustelle und in der rauchbereinigten Kneipe, daher die alte sexistische Hetze mit neuen Klagelauten – und dazwischen, im halbgebildet Kleinbürgerlichen, allerlei Befindlichkeitsdusel, der vom neuen sensiblen Mann über Nacht zum antifeministischen Radaublogger mutieren kann und seinen gesellschaftsfähigen Durchschnitt in Mitteilungen wie »Männer haben genug von Gleichberechtigung« findet, die »Spiegel Online« am 30. September 2013 ausstreute, unterrichtet von »Bild der Frau«, nämlich einer durch dieses Springerkotzblatt in Auftrag gegebenen Allensbacher Umfrage: »64 Prozent der Männer sind der Meinung, daß es mit der Gleichberechtigung der Frauen in Deutschland mittlerweile reicht. Ein Teil von ihnen – 28 Prozent – findet sogar, daß bei der Gleichberechtigung übertrieben wird. Und sechs Prozent der Befragten fühlen sich bereits benachteiligt.«

In Sümpfen wie der sogenannten Männerrechtsbewegung kann man, wenn man sich nach einem Tag harter Gleichstellungsarbeit sonst eher mit dem »Wachtturm« oder den Selbstentblößungen irgendwelcher 9/11-Verschwörungsspinner zerstreut, eine Menge knolliger Nachrichten finden: Wir werden schon als kleine Jungs nicht gefördert, sind Opfer des Scheidungsrechts, und jetzt haben wir auch noch eine Chefin, die uns anzüglich zuzwinkert.

8
Vatertränen als Argument

Abstiegsangst im Mittelbau, weiß die politische Soziologie seit dem Faschismus, ist ein *hotbed* für ultrarechte Aufwallungen bei denen, die bei Verwertungskrisen oder Modernisierungsoffensiven etwas zu verlieren haben oder das von sich glauben – auch dann, wenn diese Privilegien als Mann oder als Deutscher nur noch im Privaten, das politisch ist, durchgesetzt werden können. Es ist in letzter Zeit mancherlei Schindluder mit dem Privilegienbegriff getrieben worden – wenn Männer dürfen, was alle dürfen sollten, wird von manchen Militanten im queerfeministischen Spektrum vehement nach unten nivelliert, statt die entsprechenden Vorrechte einfach zu ungerecht verknauserten wünschenswerten Universalien zu erklären, wie das traditionelle linke Strategem es verlangt. Daß man den Begriff deswegen gleich verschrotten müsse, ist so unplausibel wie die Preisgabe des Antikapitalismus, wenn Nazis gegens Zinsnehmen pöbeln. Was ein Begriff taugt, hängt vom Stand der Auseinandersetzung ab, man sollte keinen gebrauchen wollen, um sie rein diskursiv zu beenden – und was den Privilegienbegriff im besonderen angeht: Man muß nicht an die ungebrochene Existenz des Patriarchats glauben, um festzustellen, daß sich der Kampf gegen Leute lohnt, die es verteidigen und retten wollen – sowenig, wie man an den Weihnachtsmann glauben muß, um festzustellen, daß der Einzelhandel Ende Dezember brummt und man dabei vielleicht was mitverdienen kann, solange denn Kapitalismus herrscht.

In sozialgeschichtlichen Etappen, in denen ein de Rosny seine Gesine Cresspahl zu den Alphamännern mitnimmt oder das de-Rosny-Äquivalent im Überbau – sagen wir: Frank Schirrmacher – von den qualifizierten Kulturmanagerinnen redet und die Zukunft der Literatur, der Unternehmenskultur oder welcher Fata Morgana sonst immer »weiblich« nennt, blüht daher in gewissen Zwischenschichten – bei der billigeren technischen und schöngeistigen Intelligenz, in den halbseideneren Sektoren der Wirtschaft, unter IT-Nerds und bei essayistischen Flachpfeifen wie Harald Martenstein –, also in Bevölkerungssegmenten, deren Gedeihen und Status davon abhängen, daß vom Tisch der Herrschaft genug runterfällt oder in Zeiten, in denen das nicht passiert, als eiserne Reserven noch ein paar Restbestände von Erbtiteln unangetastet bleiben, eine Mischung aus Weinerlichkeit, Kulturschelte und Haß auf echte oder vermeintliche Krisen- und Modernisierungsgewinner (»fremde« Ethnien, Frauen, Homosexuelle). Was sich da so versammelt, darf dann, von der Bourgeoisie mehr oder weniger schmunzelnd geduldet, eine Weile vor sich hinstinken, auch als Drohung mit der anderen Seite des Kippschalters an die Adresse der Gesine Cresspahl (»so schlimm wie die sind wir nicht, aber du mußt schön brav bleiben«), dann kann ab und zu ein Testballon (Esther Vilar, Eva Herman etc.) steigen, der rausfinden hilft, ob (und bei wem) die Option noch zieht, den ganzen Fortschrittskrempel wieder einzukassieren.

Am paranoiden Rand dieses Spektrums wesen Websites wie »Wieviel ›Gleichberechtigung‹ verträgt das Land?«, »Genderama« oder »Femokratie«, wo Abgehängte von dem Leid berichten dürfen, das ihnen böse Scheidungs- und Unterhaltsjuristinnen und -juristen, Arbeitsrechtler/innen und andere Monster angetan haben, vom Dauerverdacht gegen sie als Triebtäter auch, von den Irrsinnstheorien des feministischen Dekonstruktivismus und was man sonst so dem Sound der Kleinen Sparer und Heimatvertriebenen der Moderne ablauschen und ins Antifeministische übersetzen kann. All die kleinen Geschichten, als eine Art Karikatur der oben erläuterten Falle des Anekdotengewurstels und der Politik in der ersten Person, sollen einen Teppich weben, der von der typischen Ambivalenz autoritärer Paranoia lebt: Der Feind muß zugleich als allmächtig imaginierbar und leicht zu treten sein, real schwach und phantastisch übermächtig, und das erreicht man dann, indem man Abstrakta wie die »Genderlobby« mit Haßstereotypen Marke »die Lesbe mit den haarigen Beinen« zusammenbäckt – etwa in der Debatte um die Homo-Ehe: Eine Gruppe, die nicht einmal dieselben zivilen Rechte hat wie man selbst (die Ehe samt Nachwuchsstatus ist ja nicht nur ein doofes Symbol für die Auslieferung des Privaten an den Staat, sondern eine handfeste ökonomische Realbeziehung, siehe Erbrecht), ist als Verschwörung zugleich für mein persönliches Unglück (nämlich den »Zerfall der Familie« überhaupt und damit auch das Scheitern meiner eigenen, wenn ich Opfermann sein will) verantwortlich; dasselbe gilt am Arbeitsplatz dann für »Frauen«, bestimmt als Gruppe, die im Durchschnitt noch immer nicht einmal dasselbe Geld für dieselben Tätigkeiten kriegt, angeblich aber unfaire Vorteile sucht oder sogar erlangt.

Diese Verfolgerkabalen stiften ihr Unheil vor allem damit, daß sie das Private regulieren wollen – an diesem affektiven Punkt (etwa, wenn Vergewaltigung in der Ehe plötzlich strafbar sein soll und damit die naturwüchsige Brutalität der Intimsphäre des Hausprimaten verletzt wird) zeigt sich gerade die Irrenzone des rechten Demagogenpools entgegen ihrer Selbstdarstellung nicht als dissident oder sonstwie den herrschenden Verhältnissen (nämlich dem modernen Kapitalismus) entgegengesetzt, sondern als dessen Verschärfung – ich habe oben ja erläutert, daß die privaten Reservate sowohl für die Depolitisierung von Kampfgebieten der Emanzipation wie für die Verwandlung von emanzipatorischen Bewegungen in Marktforschung wie schließlich für die Installierung von Fortschritt-Rückschritt-Kippschaltern lebenswichtig sind; die reaktionärsten und gruseligsten Rassismen, Sexismen, Homophobien dürfen sich dann vor allem deshalb organisieren, weil sie als eine Art letzte Verteidigungslinie auf Abruf, eine Art Leibgarde für diesen Kernbestand der gegenwärtigen Unrechtsordnung gebraucht werden.

Die militante Ecke, die in den USA ihr Feindbild etwa *feminazis* nennt und in Deutschland seit einiger Zeit unter dem Bewegungsnamen »Maskulismus« diskutiert wird, ist dabei zumindest in hiesigen Gegenden nach Auskunft einschlägiger

Fachleute wie andere Formen der *reactionary fringe scene* »derzeit nicht imstande, ein geschlossenes Auftreten unter männlichen Hoheitssymbolen und -bildern in der Öffentlichkeit jenseits des Internets zu bewerkstelligen«[8] – »bundesweite« Kundgebungen mobilisieren im Schnitt so 30 Gestalten, da kriegen Christian Worch und Holger Apfel mehr zusammen.

Das pure Testosteron, das die Maskulisten anbieten, muß eben verdünnt werden, um zusammenzufassen, was nach wie vor viele glauben wollen (übrigens, eine Selbstverständlichkeit, nicht nur Männer): daß man der Natur, dem lieben Gott oder anderen vorpolitischen Größen nicht mit Regelungen in die Parade fahren darf, die schon ihren Sinn haben werden, sonst wären sie doch nicht so ubiquitär und uralt wie, sagen wir, der Gegensatz von Arm und Reich.

Der ideelle Gesamtnaturschützer auf dieser Frequenz, der dem Mainstream aus der Seele spräche, müßte gefällig-gemäßigtes Auftreten mit Abscheu vor allem Extremismus, Totalitarismus und Bürokratismus vereinen und den Akzent gleichwohl nicht auf deren Bekämpfung setzen, sondern auf irgendwelche unersetzbaren Güter, die von der ganzen Gleichstellerei bedroht sind – nennen wir sie doch einfach: »die Liebe«.

Auftritt: Bernhard Lassahn.

---

8 Andreas Kemper: *Die Maskulisten. Organisierter Antifeminismus im deutschsprachigen Raum.* Münster: Unrast Verlag 2012, S. 136.

9
Exemplarische Exegese eines Edelsexisten

Der Mann ist kein frustrierter geschiedener Zahlvater, kein Webmaster, der wegen sexueller Belästigung einer Praktikantin auf dem Betriebsweihnachtsfest eine Abmahnung kassiert hat, kein von Arbeitslosigkeit bedrohter Sparkassenkundenberater oder Bahnfahrkartenkontrolleur, der sich ärgert, daß niemand gekocht hat, wenn er nach Hause kommt, und auch kein BWL-Student, den seine Freundin verprügelt hat. Das alles gibt es, und es hat eine Menge mit Entsolidarisierung, Mehrfachausbeutung, Verrohung und sozialer Desintegration zu tun, Phänomenen, hinter denen jedenfalls kein Judith-Butler-Lesezirkel steckt. Wenn einer der Geprellten, die ich da aufgezählt habe, sich öffentlich äußert, dann teils als Aufschrei der gequälten Kreatur, teils aber – wie so mancher Islamkritiker, Antizionist und was es im *fringe*-Bereich sonst noch gibt –, um »berühmt zu werden«, weil man ja die zunehmende Anomie, das Gefühl, man wäre das ärmste Schwein und die blasseste Null, mit dieser Individuallösung immer noch am geilsten in Schach hält (auch da hat das Internet lediglich einen älteren Ansatz aufgefrischt, nämlich den Einfall Kurt Tucholskys, die Frage des Vermögensgefälles in der Gesellschaft sei doch am elegantesten damit zu lösen, daß wir alle reich heiraten).

Bernhard Lassahn will weder persönlichen Ingrimm ausstellen noch sich einen Namen machen – er wäre wahrscheinlich nicht unbekannter, wenn er den Antifeminismus bleibenließe, und genau deshalb darf ich ihn ein bißchen ernster nehmen als die Krakeeler, führen doch seine einschlägigen Wortmeldungen in idealtypischer Konzentration und fern vom ressentimentgeladenen Gespucke der Verrückten einige der schönsten Denk- und Argumentationsfehler des beleidigten Geschlechts vor.

Wie andere Mahner und Nörgler in Sachen »Genderwahn«, etwa der alberne Harald Martenstein (*1953), ist Lassahn (*1951) ein Babyboomer und würde allein deshalb, sozusagen aus Generationenprägungsgründen, zur Not wohl immer ein paar Argumente dagegen finden, irgendwo »rechts« einsortiert zu werden. Auch von der hemdsärmeligen Politisiererei der knallkonservativen Männerrechtler hält er deshalb gebührenden ästhetischen Abstand – auf der Website »Achse des Guten« hat er die Frage, ob er ein Männerrechtler sei, schon mal vorsorglich mit »Nö, wieso?« beantwortet. Kabarettist, Liedermacher, Schriftsteller, Autor von »Käpt'n Blaubär«-Kindergeschichten: Paschas mit Peitsche sehen anders aus.

Noch im Herbst 1990 war die romantische Welt, in der er träumte, dachte, dichtete, ihm noch vom Feminismus ungetrübt – damals rezensierte er für das Magazin »Der Rabe« die Schmachtplatte »The Seeds of Love« des Edelkitsch-Duos Tears for Fears: »Eh ich wieder anfange zu schwärmen ... Aber wenn man SOWAS hört, glaubt man nochmals an die

Möglichkeit einer Orgie; und, Mann oh Mann, wie lange ist es her, daß wir mal wieder was von love-power gehört haben (wo es doch in der Literatur so oft nur um hate-power geht)?«[9]

Ein rundes Vierteljahrhundert später muß der Flauschi, in die Defensive gedrängt, 2013 eine *Trilogie zur Rettung der Liebe* anzetteln, deren drei Folgen blutrünstige Namen haben: *Der Krieg gegen den Mann, Der Krieg gegen das Kind, Der Krieg gegen die Zukunft.*

Noch nicht lachen.

Will man etwas behaupten oder durchfechten, das einen wirklichen oder angenommenen Konsens stört, muß man, so wollen es die Gesetze der Demagogie im massenmedialen Zeitalter, 1. grotesk überziehen und 2. sofort hinterher sagen, daß man schon weiß, daß es so eigentlich nicht geht, aber anders hört ja niemand zu, und man wird ja nochmal einen Denkanstoß geben dürfen, und außerdem »ich sage ja nicht, daß«, »ich frage mich nur, ob«. Lassahns Greuelpropaganda von der Invasion des Feminismus ins Land der Liebe hebt also an: »Krieg? – Hier? – Heute? Ist das nicht etwas übertrieben?«[10]

Es folgt ein sibyllinisches Zitat von Leonard Cohen: »There is a war between the rich and poor, a war between the man and the woman«, und dann wird Lassahn persönlich, nachdenklich und grundsätzlich: »Ich würde gerne zu denen gehören, die sagen, daß es keinen Krieg gibt. Als Junge habe

---

9 Bernhard Lassahn: »Der Rabe rät – Tears for Fears«. In: »Der Rabe«, Nr. 29. Zürich: Haffmans Verlag 1990, S. 197.

10 Bernhard Lassahn: *Frau ohne Welt. Trilogie zur Rettung der Liebe.* Teil 1: *Der Krieg gegen den Mann.* Waltrop und Leipzig: Edition Sonderwege 2013, S. 7.

ich noch in Ruinen gespielt. (...) Als ich endlich siebzehn war, hatte ich Haare, die bis zu den Schultern reichten. Ich wäre bereit gewesen, als Kämpfer für den Frieden ins Gefängnis zu gehen, und ich war froh, daß es die Möglichkeit gab, den Dienst mit der Waffe aus Gewissensgründen zu verweigern. Ich demonstrierte für den Frieden und konnte Lieder wie ›Universal Soldier‹ und ›Blowing in the Wind‹ auf der Gitarre spielen. Allerdings kam es mir zugleich naiv vor.«[11] Die Logik stutzt, der sprachliche Unfall ist ein Hinweis auf die Machart des Textes: Das geht ja nicht, »es kam mir vor« heißt Reflexion, »naiv« heißt, etwas ist nicht reflektiert. Der Widerspruch soll zugleich um Sympathie werben (der arme naive Junge) und Autorität stiften (der Durchblicker), und auf dieser Doppelschiene geht's in die Vollen – Krieg zwischen Männern und Frauen: »Das ist etwas Neues. Früher blieben die Frauen zu Hause, wenn Krieg war, und warteten, daß ihre Männer und ihre Söhne wieder nach Haus kämen. Es gab Kriege, die ›um‹ Frauen geführt wurden, aber nicht gegen Frauen. Wir kennen eigentlich auch keine Bilder von Frauen, die gegen Männer kämpfen«[12] – ein erster Hinweis wohl auf die Merkzeichen der Wühlarbeit der feministischen Armee rings um uns, denn heute gibt's diese Bilder massenhaft, von »Buffy, the Vampire Slayer« bis zu Soderberghs »Haywire«.

Aber das ist nur die Oberfläche, die wahren Schäden liegen in der Tiefe, im Wesen, nicht in der Erscheinung: »Der Krieg, in dem wir stecken, ist

---

11 Lassahn, ebd.
12 Lassahn, a.a.O., S. 8.

ein asymmetrischer und ein für viele unsichtbarer Krieg. Frauen kämpfen nicht, sie lassen kämpfen. Wenn sie doch einmal zu den Waffen greifen, sind es ihre eigenen. Welche das in der Geschichte waren, wird in dem Buch Die *Nebel von Avalon* beschrieben. Marion Zimmer Bradley zeigt uns darin die Ritter der Tafelrunde aus weiblicher Sicht. Und schon sieht alles anders aus. Die Gralssuche wirkt plötzlich wie ein Betriebsausflug, auf den man auch verzichten könnte. Viel wichtiger als solche Unternehmungen und viel wichtiger als alle Kampftechniken der Männer sind die Fähigkeiten der Frauen: zaubern und täuschen.«[13]

Verstehe, Hexenwahn reloaded, Danke für die Klarstellung. Weiß er eigentlich, daß es Zauberei nicht gibt? Aber es ist doch nur eine Metapher! Genau: So darf man nämlich alles sagen, was man sonst im Hinterkopf und in der Hose lassen muß – statt »Ich fühle mich in deiner Gegenwart unwohl« sagt man dann: »Du hast den bösen Blick«, und wer sagt: »Der Krieg, den ich meine, ist unsichtbar«, will blutige Worte für unblutige Tatbestände benutzen oder anerkannt Abscheuliches zur Brandmarkung von Umstrittenem einsetzen (klerikale Wahnsinnige vergleichen Schwangerschaftsabbrüche ja auch gerne mit Auschwitz).

Nächster Arbeitsschritt, altes Demagogenproblem: Wie gehe ich mit Gegenbeispielen für meine bescheuerten Behauptungen um? Der amerikanische Comiczeichner und Antifeminist Dave Sim reagiert

13 Lassahn, a.a.O., S. 8 f.

auf den Einwand, die mächtigste sexualpolitische Organisation der Welt sei nicht die schattenhafte feministische Macht, sondern immer noch die katholische Kirche, gerne mit der genialen Volte, der Katholizismus sei doch Teil des Matriarchats, siehe Marienverehrung.

Lassahn kann's auch – wenn der Demagoge sagt, alle Schwäne seien weiß, und man zeigt ihm einen schwarzen, dann sagt er: Eben, der ist angemalt, um euch zu täuschen. Wenn also Lassahn zur Illustration weiblicher Heimtücke ausgerechnet die Metapher »Zauberei« bemüht, liegt der Einwand »Merlin« oder »Harry Potter« zwar auf der flachsten Hand, aber den kriegsdienstverweigernden Inquisitor ficht das nicht an: »Auch Harry Potter zaubert. Er ist eher ein weiblicher als ein männlicher Held. Er ist kein James Bond, kein Sherlock Holmes und kein Tarzan. Er überzeugt nicht mit Kräften, mit denen er den Frauen überlegen wäre. Er übt sich vielmehr in ihren eigenen, besonderen Fähigkeiten.«[14]

Abrakadabra: Man definiere eine schwarz angemalte, negativ gewertete Intelligenzleistung als »jüdische Hinterlist« oder »weibliche Tücke«, und wenn sich dann Nichtjuden oder Männchen finden, die sie aufweisen, sind die halt verjudet oder weibisch.

Was tun sie also, die Hexen? Sie machen das Echte kaputt und das Alte, das Spontane, die Tears-for-Fears-Orgie, die Bienen, die Blumen und den Klapperstorch, sie politisieren die Kreatur, sie ersetzen

14 Lassahn, a.a.O., S. 9.

die Jahreszeiten durch sozialistische Planwirtschaft, kurz, sie sind Kommunistinnen: »Wir haben kein Privatleben mehr. Die Politik reguliert unsere Verhältnisse zu andern Menschen und löst uns auf diese Weise aus allen persönlichen Bindungen heraus, für die wir früher noch ganz andere Ausdrücke hatten als das unglückliche Wort von den ›Beziehungen‹. In der DDR sprach man verschwörerisch von ›Vitamin B‹, wenn jemand seine ›Beziehungen spielen‹ ließ.«[15] Die Assoziation ist wild, aber gelenkt – die Grundmelodie sagt, das Maß aller Dinge ist ein ausgedachter Naturzustand (dessen Icon das Wort »früher« ist), der durch politische Erziehung verbildet, verbogen, vernichtet werde: »Bei uns werden die beziehungstechnischen Dysfunktionen nicht mehr kompensiert, sondern belobigt. Der alleinerziehenden Mutter wurde im Jahr 2010 das Verdienstkreuz der Bundesrepublik Deutschland verliehen. Natürlich nicht jeder einzelnen Mutter, vielmehr hat es die Rechtsanwältin Edith Schwab, Bundesvorsitzende des Verbandes Alleinerziehender Mütter und Väter, stellvertretend entgegengenommen.«[16]

Wie beim Harry-Potter-Beispiel: Wenn der Verbandsname die Väter mitlobt, ist das bloß Ablenkung von der gemeinten Mutter – die ihn entgegennahm, war ja eine. Bei der Webscheiße WikiMANNia heißt es über dieselbe Frau Schwab, sie arbeite für den »sogenannten« Verband Alleinerziehender usw., soll heißen, wir lassen uns nicht täuschen, und was sich DDR nennt, kriegt die alten Springergän-

15 Lassahn, a.a.O., S. 15.
16 Lassahn, a.a.O., S. 16.

sefüßchen. Lassahn weiter: »Doch worin liegt das Verdienst einer solchen Mutter? Es liegt nicht darin, daß sie ein Kind – oder mehrere – in die Welt gesetzt hat. Das Verdienstkreuz ist kein Mutterkreuz. Das Besondere an der Alleinerziehenden ist, daß sie allein ist, daß sie ohne den Vater ihres Kindes lebt, aus welchen Gründen auch immer. Warum gilt das als verdienstvoll? Man kann die Frage des Liedermachers Kunze auch umdrehen: Was muß das für ein Staat sein, der die Menschen dafür auszeichnet, daß sie nicht einmal mehr Beziehungen haben?«[17]

Die Sprachmanipulation ist alles andere als subtil: Das Kreuz geht natürlich nicht an »Mütter und Väter, die keine Beziehungen haben«. Darüber, ob sie Freunde, Vereine, Arbeitsplätze etc. haben, sagt die Verleihung nichts, und es könnte sogar sein, daß sie andere Leute lieben und von denen geliebt werden, ja sogar mit ihnen ins Bett gehen – nur darüber, daß sie die Kinder alleine erziehen, sagt die Auszeichnung was. Das Kreuz geht an Leute, die ihre Kinder nicht aussetzen, zur Adoption freigeben oder abmurksen, nur weil die biologische Mutter, der biologische Vater oder ein entsprechender Ersatz fehlt. Das Kreuz, würde man mit normalem Hirn vermuten, soll ein Lob dafür sein, daß sie ihre Kinder in dieser Lage nicht aussetzen, zur Adoption freigeben oder abmurksen, sondern sich die Anstrengung zumuten, sie alleine zu versorgen und zu erziehen, was immer das im Einzelfall heißen mag und unabhängig davon, ob es wirklich begrüßenswert ist

17 Lassahn, ebd.

oder nicht. Die Suggestion, die Lassahn an diese Ordensvergabe hängt, ist in etwa so blöd wie die wäre, ihm nun meinerseits zu unterstellen, er wäre wohl auch für die Verbrennung von Witwen und Witwern, wenn die nach dem Tod von Gatte oder Gattin nicht schleunigst wieder heiraten.

Im Ernst: In der Tat vereinsamen in dieser Gesellschaft viele, auch und gerade männliche Babyboomer und andere Hippies. Natürlich ist das nicht schön – und man kann, das wußten zumindest Flaubert, Fontane oder Karl Kraus noch, auch und gerade in der Ehe vereinsamen. Wenn ich also mit dem Finger auf irgendeine Gruppe zeige, der ich unterstelle, daß sie diese soziale Atomisierung und Entfremdung betreibe und wolle, dann kennen zumindest das Leiden, deren Verursachung dieser Gruppe unterstellt wird, die meisten, zu denen ich in dieser Gesellschaft rede. In Abwandlung eines Gedankens von Ferdinand Kronawetter: Antifeminismus ist der Sexualentfremdungsprotest der dummen Kerls.

Dabei können die dummen Kerls durchaus feinsinnig und belesen sein: »Früher war es die Schicksalsgemeinschaft«, schreibt Lassahn, »die unser Leben bestimmte, jetzt ist es das Fehlen von Gemeinschaft. Das Alleinsein wird zum Schicksal aufgewertet. In dem Roman *Die Wand* von Marlen Haushofer aus dem Jahre 1968, der nun verfilmt wurde, tut sich plötzlich eine unsichtbare, gleichwohl unüberwindliche Wand auf« –, so ist das Deutsch dieses Denkers öfter: Die Wand tut sich auf, er meint natürlich: Sie steht da und tut sich gerade nicht auf, egal – »und isoliert die Frau von der Welt.

Das Buch war nie ein Bestseller. Es gehört aber, wie die Kritikerin Elke Heidenreich festgestellt hat, zu den Büchern, die tatsächlich am meisten gelesen wurden – ein Longseller, ein Lieblingsbuch der Frauenbewegung, das ihr Lebensgefühl in ein bedrückendes Bild kleidet, in dem es keine Hoffnung auf ein gutes Ende gibt.«[18]

Eine Frau hat's geschrieben, eine Frau kommt drin vor, viele Frauen lesen es, eine Frau nennt es vielgelesen: Der Blödsinn hat Methode, und so muß er ständig klittern, faseln, springen, andeuten, weil er um einen harten Kern von Behauptung herumeiert, den er sich kaum auszusprechen traut. Auf Seite 29 steht sie dann endlich, die Summe der konfusen und eben darin präzise ihre Affektstruktur aussprechenden Bulle: »Welches Programm der Frauenpolitik man auch gegen das Licht hält – man erkennt immer dasselbe Wasserzeichen: die Feindschaft gegen Mann und Mutterschaft. Sonstige Forderungen sind lediglich Etappenziele, manchmal nur modische Saisonartikel. Die lieblose, negativistische, letztlich nihilistische Gegnerschaft aber dauert an und bildet den roten Faden. Man möchte sagen: den lila Faden. Die Absagen an Mann und Mutterschaft gehören zusammen. Mit dem Nein zur Penetration wird beides erreicht: Der Mann wird abgewiesen, und Nachwuchs kommt auch nicht zustande.«[19]

Immerhin eine neue Variante, in den Achtzigern hieß es noch, Feministinnen wiesen Mann und Mutterschaft zurück, weil sie die Penetration nicht

---

18 Lassahn, a.a.O., S. 19.
19 Lassahn, a.a.O., S. 29.

wollten, aber gehupft wie verleumdet – »Erst wenn aus dieser Einstellung ein blinder Fleck wird und eine Frau alles, was mit Kindern zu tun hat, nicht nur kleinredet, sondern gänzlich wegdenkt, erst dann kommt sie auf das schmale Brett – wie man im Norden sagt –, daß Männer und Frauen gleich wären. Hier liegt der Ursprung der feministischen Grundüberzeugung, daß es höchstens einen ›kleinen Unterschied‹ gäbe, den man genausogut vernachlässigen könnte.«[20]

Die Hirnkatastrophe, die da passiert ist, ist dieselbe wie bei allen rechten Denkblasen seit der Aufklärung: die Verwischung des Unterschieds zwischen den Ebenen, auf denen Wörter wie »gleich« und »Gleichheit« sich anwenden lassen. Daß Figuren wie Lassahn, dem ich, wie man spätestens hier sieht, nur deshalb soviel Platz einräume, weil er wirklich so exemplarisch danebendenkt, wie's nur geht, so oft nicht wahrhaben wollen, daß sie rechts stehen (ich hatte doch lange Haare und war für Orgien, das hätt's beim Adolf nicht gegeben!), ist dabei bloßes Symptom historischer Unbildung, die zugleich vorausgesetzt und ausgenutzt wird. Links vom König, in dessen Parlament, saßen nun mal die Bürgerlichen, von der ständischen Tradition nicht Begünstigten. Rechts saßen die Vertreter der nicht so kleinen Unterschiede, die Privilegierten, die Traditionswahrer, die, deren Macht naturwüchsig auf sie gekommen war, Adel und Klerus. Links hieß: Konkurrenz auf dem *level playing field*.

---

20 Lassahn, ebd.

Links heißt, davon abgeleitet: Gleiche Rechte für ungleiche Individuen – wenn die Prüfungsordnung für alle gleich ist und zu ihr kein Bonus für »Weiße«, »Männer«, »Arier« und ähnlichen Schrott gehört, kriegen die Besseren auch die besseren Noten – soweit die Grundidee, der Rest ist geschichtlich zu verfeinernde Ausführungsbestimmung (braucht man überhaupt Noten? Etc.).

Dieser Ansatz war links im Sinne von bürgerlich. Daß die Bürger ihn nach Erlangung der politischen Macht bald verraten haben, ist bekannt – zu schlecht paßte er zum bürgerlichen Besitz an Arten des Reichtums, die es erlaubten, sich die Arbeit anderer anzueignen, denen solcher Reichtum fehlt. Dieser Besitz war gegen das erwähnte egalitäre Programm abzukapseln, und in dieser Kapsel überlebt seither jede denkbare Spielart der Ungleichheit und des Unrechts, wie Junk-D.N.A. im Genom überlebt.

Werden sie virulent in Hirnen, die den Verlust von Vorrechten fürchten, ist es um Logik und Argumentationsstringenz bei diesen geschehen, und wo sich in der Hetze eine Lücke zeigt, wird sie mit mehr Hetze geschlossen – wie auch der so wenig fanatische, nur normal verstörte und verwirrte Bernhard Lassahn zeigt, der 2013 eine bezeichnende Schwachstelle seiner Argumentation anderswo als im dreibändigen *Kriegs*-Quatsch zumauert. Denn: Die Feministinnen sind also gegen Kinder? Aber was ist mit Lesben, die welche wollen? Und: Gleichstellung geht immer gegen Männer? Was ist dann mit schwulen Männern, die etwa in adoptionsrechtlichen Belangen ebenfalls Gleichstellung wollen? Diese beiden Flanken kann der Denker nicht ungeschützt lassen, und so schreibt er ein weiteres bekloppptes Pamphlet mit dem schönen Titel *Die Ehe stirbt an vergiftetem Obstsalat, und die Kinder bringt der Klapperstorch.*

Das mit dem Klapperstorch ist ein Humorversuch, erbärmlich, aber so weist dieser Polemiker darauf hin, daß Männer mit Männern und Frauen mit Frauen keine Kinder zeugen können, was Schwule, Lesben und alle, die den Einfall unterstützen, diesen seien volle Bürgerrechte zu gewähren, in Lassahns unheimlicher Wahnwelt wohl noch nicht gewußt haben. Der Klappentext klärt auf: »Die Gleichstellungspolitik ist schon über die Ehe hinausgegangen und beim Adoptionsrecht angekommen – und damit bei einem ›Recht auf Kinder‹, das es bisher nicht gab.«

Die Hetzabsicht: Obacht, hier werden neue Rechte erfunden! Unterschlagen wird, daß Rechte das nun mal an sich haben, daß sie erfunden werden müssen – es gibt nämlich keine von Natur (wer dem Tiger im Urwald mit dem Recht auf körperliche Unversehrtheit kommt, wird zu Recht gefressen). Rechte sind etwas, das Leute in Gesellschaften anderen Leuten gewähren, und zwar logisch allseitig symmetrisch, so daß es beispielsweise kein Eigentumsrecht geben kann, das zugleich die Wegnahme einer bestimmten Sorte Eigentum gestattet, wenn dieses geschützt ist – ein Recht auf Kinder kann also beispielsweise gerade kein Recht sein, anderen ihre Kinder wegzunehmen, und damit ist dem einzigen Einwand dagegen, den Lassahn nahelegen will, auch schon der Zahn gezogen.

Sobald es aber Kinder gibt, die jemand nicht in einer klassischen heterosexuellen Dyade zeugt, versorgt, erzieht und anderweitig schützt, läßt sich diskutieren, was mit denen geschehen kann und wie das in Form von Rechten und Pflichten zu kodifizieren wäre. Vor nichts aber haben die Natur- und Faustrechtspinner von rechts mehr Abscheu als vor solchen freien, von keiner gewaltgestützten Tradition blockierten Diskussionen.

Wer »Recht auf Wohnraum« sagt, sagt auch: Wir leben nicht in Höhlen, wo Leute kein Obdach haben, ist welches zu bauen. Wer »Recht auf Kinder« sagen würde (und es ist noch sehr die Frage, ob das überhaupt wer sagen muß, um das Adoptionsrecht auch für Homosexuelle zum vollen Bürgerrecht zu machen – noch so eine unbewiesene Behauptung), würde einfach sagen, daß sich die menschliche Gesellschaft inzwischen über das Stadium der bewußtlosen Gametenpartnerschaft hinausentwickelt hat, was Höhlenphilosophen freilich nicht schmecken kann. In den Nachwuchs- und Demographiedebatten der Idiotenmedien ist das Äquivalent zur Höhle in Sachen Wohnen die Idee, wir hätten es noch mit einer Epoche zu tun, in der die Geburt von fürs Überleben der Gattung notwendigen Nachkommenzahlen ernsthaft diskutiert werden müsse – als hätte der (selbst bei bislang sozial nirgends realisierter und bestimmter gebrauchswertgerichteter Bestimmung von »Produktivität« erkennbare) Produktivitätszuwachs seit der industriellen Revolution nie stattgefunden. Nur vor diesem angenommenen, völlig irrealen Hintergrund kann Lassahns Klappentext, der Kampf um die Ressource Kind als Kampf ums Dasein einmal suggeriert, weiterspinnen: »Wer ein Recht auf Kinder fordert, will Kinder, denen ihrerseits ein bestimmtes Recht von vornherein fehlt. Denn diese Kinder haben kein Recht auf ein gemeinsames Leben mit ihrem richtigen Vater und ihrer richtigen Mutter.«

So langsam schlägt's Dreizehn: Was »richtig« ist, bestimmt Lassahn, und wenn der richtige Vater ein Schläger ist oder die richtige Mutter eine Sadistin, dann haben die Kleinen halt Pech gehabt – diese Kleinigkeit beiseite: Rechte werden, siehe oben, nicht im Genom oder im Kaffeesatz gefunden, sondern sozial postuliert und gewährleistet. Dabei ist aus obenerwähnten Gründen – allseitige Symmetrie, gesellschaftliche und logische Kohäsion – darauf zu achten, daß keine bereits vorhandenen Rechte einkassiert werden müssen, um ein neues Recht zu etablieren. Wer also etwa die Demonstrationsfreiheit einführt, wird sichergehen wollen, daß davon nicht die Straßenverkehrsordnung überschrieben werde (eine Demo auf dem Frankfurter Kreuz zur Hauptverkehrszeit ist kein Recht, sondern ein Vergehen) – Karl Kraus hatte diesen Gedanken im Sinn, als er die Presse seiner Zeit ermahnte, sie solle in Sachen Zensur aus der Freiheit vom Maulkorb nicht das »Recht, zu stinken« ableiten. Wenn nun Lassahn sein Blut-und-Boden-»Recht des Kindes auf die richtigen Eltern« postuliert, schafft er unter anderem das Scheidungsrecht und das Adoptionsrecht (nicht nur für Homosexuelle) ab. Um politisch Machbares und juristisch Stimmiges freilich geht es ihm gar nicht. Worum dann?

Der knapp 40 Seiten lange Text ist eine Art Zwischenglossenkommentar zum offenen Brief des BWL-Studenten Martin Spehr an alle Bundestagsabgeordneten aus dem Jahr 2013, in dem jener die völlige, also auch adoptionsrechtliche, Gleichstellung homosexueller und heterosexueller Partnerschaften vor dem Gesetz fordert.

Komplett aus der Kurve seiner, siehe oben, ohnehin beschädigten Fähigkeit, vernünftige Folgerungen anzustellen, trägt es Lassahn bei dem Satz aus dem Brief: »Gleichgeschlechtliche Liebe ist Liebe wie jede andere auch.« – Lassahn spricht, heiliger Frauenfußball, vom »Strafraum«, der mit diesem Satz verletzt sei, und setzt dann zu etwas an, was er für eine Begründung seiner entsetzten Zurückweisung dieser ziemlich harmlosen deskriptiven Formulierung hält: »Was bisher das Normale war, fällt von jetzt an unter ferner liefen. Was immer noch die meisten Herzen bewegt – und zwar nicht nur drei Viertel, sondern rund 95 Prozent aller Menschen – ist die gegengeschlechtliche Liebe, die von jetzt an nur noch eine Liebe ›wie jede andere‹ sein soll. Also eine Liebe nicht einmal wie die gleichgeschlechtliche, sondern nur noch eine Liebe wie jene traurigen Sonderformen und Sonderförmchen, die sich in hoffnungsloser Minderheit befinden.«[21]

Das erste, was ihm einfällt, wenn jemand »wie andere auch« sagt und dabei Liebe und ihre geschlechterübergreifende Vielfalt meint, sind also Pä-

21 Bernhard Lassahn: *Die Ehe stirbt an vergiftetem Obstsalat, und die Kinder bringt der Klapperstorch.* Waltrop und Leipzig: Edition Sonderwege 2013, S. 21.

dophile, Nekrophile, Zoophile – wie sagt doch Ellen DeGeneres so schön: Sie denken, ich bin wie jemand, der eine Ziege begattet, weil ich meine Freundin heiraten will, und solche Typen nennen mich pervers.

Aber weiter im Text: »Die tiefe Boshaftigkeit steckt in dem kleinen Wort ›jede‹. Der direkte Vergleich der Liebe von Mann und Frau mit der gleichgeschlechtlichen Liebe wird gemieden. Verständlicherweise. Der Unterschied ließe sich nicht leugnen. Wenn man an Politiker schreiben und sich ihrer Sprache bedienen möchte, kann man es so formulieren: Eine der beiden Lieben ermöglicht ›Reproduktion‹, die ›Bildung von Humanvermögen‹, sie leistet einen ›generativen Beitrag zur Zukunft‹. Die andere nicht. Unter uns gesagt: Aus einer der beiden Lieben entstehen Kinder. Aus der anderen nicht. Das ist der große Unterschied. Der ist wesentlich. Um ihn mogelt sich der offene Brief herum.«[22]

Es ist wahrscheinlich zwecklos, hier schon wieder mit der Logik zu kommen, aber: Was da steht, ist ein Zeugungszwang für Heterosexuelle, die ihre Partnerschaft (z.B. als Ehe) legal gleichgestellt wissen wollen mit Paaren, die Kinder kriegen, denn sonst ist ihre Liebe in derselben Menge, deren Unterschied zur reproduktiven bei Lassahn »wesentlich« heißt – jedenfalls dann, wenn die von Lassahn gewollten gesetzgeberischen Konsequenzen begründbar bleiben sollen. Rechts vom Papst, das muß man erst mal hinkriegen.

Was er sagt, ist: Wer Liebe nicht auf Sexualität reduzieren will und Sexualität nicht auf Fortpflan-

22 Lassahn, a.a.O., S. 21 ff.

zung, dessen Liebe verdient keinen gesetzlichen Schutzraum, keine erbrechtlichen Möglichkeiten (wenn eine Frau will, daß ihr Vermögen nach ihrem Tod an die Liebste fällt statt, beispielsweise, an ihren Vater, der sie mißhandelt hat, dann kann sie das nach Lassahns Logik nur mit komplizierten testamentarischen Tricks erreichen und setzt die Hinterbliebene vermutlich üblen Erbschaftsstreitereien aus).

Ich weiß nicht, wovon sich Bernhard Lassahn ernährt. Aber nach seiner Folgerei darf er kein Fleisch, kein Obst und keine Pflanze essen, die er nicht selbst hätte jagen, fischen, anbauen oder züchten können (wohlgemerkt: nicht nur das, was er nicht gejagt, gefischt, angebaut oder gezüchtet hat: Die Möglichkeit der Fortpflanzung begründet die Bevorzugung, nicht die reale Kinderzahl, sonst sind wir wie gesagt beim Zeugungszwang für jede Ehe oder sonstige juristisch geschützte Partnerschaft), kein Haus bewohnen, das er nicht selbst hätte bauen können, keinen Text lesen, den er nicht selbst hätte schreiben können (da wird's richtig grausam, Shakespeare he sure ain't) – hat er den Schwachsinn wenigstens mit den Fingernägeln in die Felswand gekratzt, statt am fremdgebauten Computer vor sich hin zu ramentern? Gab's doch früher auch nicht, was soll denn das?

Am Ende der konfusen Sophistik steht eine Wendung, die nochmal alles zusammendenken soll, was der Denker gegen Feminismus, volle Adoptionsrechte für homosexuelle Eltern und überhaupt diese ganzen egalitären Flausen hat: »Liebe und Gleichstellung vertragen sich nicht. Gleichstellung führt zu gleicher Gültigkeit, zu Gleichgültigkeit. Gleichgültigkeit ist das Gegenteil von Liebe.«[23]

Wenn so was jetzt erlaubt ist, hätte ich auch einen Schrumpfheidegger von dem Kaliber: Vor dem Kinderkriegen muß man heiraten, denn es heißt ja »Ehe«, wie in: Ehe wir ein Kind kriegen, heiraten wir.

23 Lassahn, a.a.O., S. 41.

10
Es kommt aber darauf an, sie zu verändern

Niveau und Programmatik des gegenwärtigen Antifeminismus sind das eine; diese beiden habe ich hier einmal in aller Ausführlichkeit sozusagen unter Laborbedingungen auseinandergefisselt, gleichsam abgetrennt von ihren gesellschaftlichen Resonanzchancen. Die aber sind, so nützlich es für den Fall des Ausbruchs solchen Unfugs aus den Spielzonen der Verschrobenheit ist, sich mit der Psychopathologie der Sache als solcher vertraut gemacht zu haben, das Entscheidende. Um sie soll es deshalb abschließend noch einmal gehen.

Um Entstellungen vorzubeugen: Ich sage in diesem Traktätchen hier nicht, daß all die Phänomene, die ich *on their own terms* einer Kritik ausgesetzt habe, also die kleinbürgerlichen und billigintellektuellen Männerdenker, die bourgeoisen Quotenheuchler, die Fit-For-Fun-Motivationsspinnerinnen, die Sparkassenangestellten des erotischen Kapitals und die Enthaltsamkeit-macht-Karriere-Statistikerinnen und was da alles sonst noch quakt und pfeift im großen Rollback gegen das, was Feminismus seit den Siebzigern gewollt und erreicht hat, in jedem Fall, für jeden dummen Gedanken, jede blöde Propaganda bei sich im stillen Kämmerlein ein »ökonomisches Motiv« finden müßten, wenn sie nur ehrlich genug mit sich zu Rate gingen.

Was ich sage, ist, daß der ganze Quatsch als Resonanzboden das Ineinander von Krisen und Modernisierungen braucht, denen die Akkumulation von Kapital ausgesetzt ist, um wirksamer zu werden als die Bosheit irgendwelcher Nazi-Rentner, die von ihrem Zimmerfenster aus auf spielende Kinder gukken und sich fragen, wie sie die vernichten können.

Das kapitalistische Profitmotiv, Unfall der Wirtschaftsgeschichte, hat einen allgemeinen Reichtum geschaffen, der aus einem Naturverhältnis – Menschen müssen essen, wohnen und so weiter – ein gesellschaftliches machte, weil mit dem Aufkommen des Kapitalismus der Gedanke »Wir erforschen die Natur und verbessern mit den dabei gewonnenen Einsichten unsere Energiebilanz« einen gesellschaftlichen Resonanzboden bekam: die Kapitalisten.

Ihre Produktionsweise erwies viele alte Kommandoketten, deren letzte Rechtfertigung das Überleben der Gesellschaft in der Natur gewesen war, als überlebt – die neue, größere Freiheit von Naturzwängen ließ sich fortsetzen als Freiheit von allerlei irgendwann aus Naturverhältnissen (Frauen kriegen Kinder) abgeleiteten, inzwischen aber längst gesellschaftlich organisierten Zwangsordnungen.

Idealismus ist die Idee, man könne irgendwelche Rechte und Freiheiten postulieren, weil denen nur entgegensteht, daß ein paar Leute so dummes Zeug im Kopf haben wie Sandberg und Lassahn. Wenn man das aus den Köpfen fegt, sind die Rechte da. Das stimmt nicht – aber es ist auch wieder nicht auf die Art falsch, die ein vulgärer Materialismus, der sich oft auch noch für marxistisch hält, glauben will, wenn er so tut, als wären Ideen überhaupt nichts als Luftspiegelungen und jedenfalls egal. Materialismus hat nur dann einen emanzipatorischen Sinn, wenn er dazu dient, die Illusion, gute Ideen seien hinreichende Bedingungen für den Fortschritt, nicht einfach durchzustreichen, sondern durch die Wahrheit zu ersetzen, daß sie notwendige, aber nicht hinreichende Bedingungen sind. Man muß schon wissen, was man will, aber das will dann eben gemacht sein.

Wenn man das erst einmal weiß, wird die These »Deine Freiheitsforderung ist idealistischer Quatsch, es liegt in der Natur der Sache, daß diese oder jene Unfreiheit vorherrscht« zur Ausrede des Schlechten, denn jede einmal erkannte »Natur der Sache« ist zu überbrücken, zu kontern, zu ändern.

Was empfehle ich also? Nicht das beliebt-blöde »Erst mal Revolution gegen die Besitzverhältnisse machen, dann löst sich der Nebenwiderspruch Geschlechterfrage schon von alleine auf«. Muß er nämlich nicht, denn daß Unfreiheiten, die noch aus der Urhorde stammen, von keiner neuen Gesellschaftsformation je automatisch weggefegt wurden, selbst wenn die, die diese neue Formation machen, gar nichts davon haben, zeigt die gesamte Geschichte. Außerdem: Wer will darauf schon warten?

Daß bestimmte Ausgrenzungen, Einschließungen, Ausbeutungen und Unterdrückungen, die im Kapitalismus vorkommen, nachweislich wesentlich älter sind als er, spricht doch sehr dafür, daß er sie nicht gemacht hat. Sehr wohl aber sind alle Erscheinungsformen des älteren, nicht kapitalismusspezifischen Unrechts, die wir erleben, kapitalistisch eingerichtet, vermittelt, organisiert – seine Zweckrationalität (die übrigens spätestens ab 1900 komplett irre ist) gibt den Vorgängen grobe Richtungen und liefert vor allem die Grenze dessen, was durchzusetzen und aufrechtzuerhalten ist, das Geländer.

Die Grenzen der Freiheit bestimmt das geltende Besitzverhältnis; sie nicht zu akzeptieren heißt, die Kämpfe um Freiheit stets bewußt, sehenden Auges in die Richtung zu treiben, wo dieses Besitzverhältnis zur Disposition gestellt werden muß.

Wenn ich Unrecht hätte, und es ließe sich stabiler, self-sustaining Antirassismus, Antisexismus und sonst viel Schönes auch im Kapitalismus durchsetzen – bitte, dann macht das, unbedingt, aber vergeßt nicht, daß, wo es Herrschaft gibt, jedes noch so schöne Recht von dieser Herrschaft gewährt ist, falls es vorkommt. Historisch sind Rechte, die man solcher Schirmherrschaft überantwortet, auch wieder abzukassieren, und solange man die Herrschaft selbst unangetastet läßt, ist man dem nicht nur ausgesetzt, sondern stimmt diesem Stand der Dinge sogar zu.

Eine schwer revidierbare Umwälzung von Unrecht erkennt man dagegen daran, daß die Institutionen, die Freiheit und Gleichheit nicht gewährt haben, nicht mehr existieren und durch bessere ersetzt sind, die zum Beispiel so konstruiert sind, daß sie unter unfreien und ungleichen Bedingungen nicht existieren könnten.

Das Schlechte so verändern, daß das, was daran schlecht ist, verschwindet, nennt man abschaffen.